당신의
권리금을
의심하라

당신의 권리금을 의심하라

초판 1쇄 인쇄　2016년 4월 15일
초판 1쇄 발행　2016년 4월 25일

지은이　경국현

펴낸이　김찬희
펴낸곳　끌리는책

출판등록　신고번호 제25100-2011-000073호
주소　서울시 구로구 경인로 55 재도빌딩 206호
전화　영업부 (02)335-6936　편집부 (02)2060-5821
팩스　(02)335-0550
이메일　happybookpub@gmail.com
페이스북 페이지　https://www.facebook.com/happybookpub
네이버 블로그　http://blog.naver.com/happybookpub

ISBN　979-11-87059-03-5　13320
값 17,000원

- 잘못된 책은 구입하신 서점에서 교환해드립니다.
- 이 책 내용의 일부 또는 전부를 재사용하려면 반드시 사전에 저작권자와 출판권자에게 서면에 의한 동의를 얻어야 합니다.
- 이 도서의 국립중앙도서관 출판예정도서목록(CIP)은 서지정보유통지원시스템 홈페이지(http://seoji.nl.go.kr)와 국가자료공동목록시스템(http://www.nl.go.kr/kolisnet)에서 이용하실 수 있습니다. (CIP제어번호: CIP2016008030)

당신의
권리금을
의심하라

경국현 지음

상가 권리금에 대해 궁금한 76가지 질문

왜 권리금을
의심해야 하는가?

얼마 전 텔레비전에서 매우 재미있는 뉴스를 접했다.

요즘 초중고생들의 장래 희망에 대한 설문 조사와 인터뷰를 다룬 뉴스였다. 어른들도 살기 힘든 세상이니 아이들의 꿈이 매우 현실적이라는 사실은 이해가 됐다. 공무원이나 교사 등의 안정적인 직업을 선호하는 것도 당연하다고 생각했다. 그런데 의외의 직업(?)이 있었다. 바로 '건물주'. 어쩌다 나온 한두 명의 꿈이 아니었다. 꽤 상위권을 차지하고 있었다. 보도를 준비하고 인터뷰를 진행했던 기자도 어이가 없었는지 학생들에게 물었다. 왜 건물주가 되고 싶으냐고? 학생들은 "짤릴 걱정 안 해도 되고, 가만히 있어도 돈을 벌 수 있으니까"라고 대답했다. 그런데 한 초등학교 여학생이 이렇게 답했다. "조물주보다 높은 게 건물주라고 해서요."

　기자의 보도는 계속됐지만, 나는 다른 생각들이 자꾸 떠올라 더 이상 뉴스에 집중하지 못했다.

　장래 희망을 '건물주'라고 대답했던 학생들의 부모들은 아마도 자영업의 형태로 장사를 하거나 요식업을 하는 건 아닐까 하는 생각이 들었다. 부모가 은연중에 하는 말을 듣고 아이들은 건물주가 되면 부모처럼 고생하며 살지 않아도 된다고 생각했을 것이다. '짤릴 염려 없고, 연금도 받을 수 있어서 좋다'는 공무원이나 교사보다 훨씬 더 아이들에게는 피부에 와닿는 직업군이 바로 건물주인지도 모르겠다. 그러나 공무원이나 교사가 되기까지의 과정이나 건물주가 되려면 무엇을 해야 하는지 아이들은 그것까지는 염두에 두지 않고 있는 듯했다. 나만 이런 생각이 든 것일까?

　나는 그동안 상가투자에 대한 책을 몇 권 펴냈다. 실제로 상가투자를 해서 수익을 내기도 했고, 상가 부지 매입에서 건축과 분양까지 개발사업도 하고 있다. 상가투자에 대해 관심을 가지고 공부를 한 지 벌써 15년이 되어간다. 그러다 보니 투자자에만 머물지 않고 부동산 전반에 대한 공부를 거듭해서 2년 전에는 부동산학 박사 학위도 받을 수 있었다.

　상가투자는 신규분양 상가를 제외하고는 거의 모든 상가에서 권리금이 가장 중요한 화두다. 그런데 요즘처럼 권리금이 수면 위로 떠올라 많은 사람들의 화제에 오른 적이 있었던가? 왜 유독 최근 몇 년 사이에 권리금이 화제가 되는 것일까? 서울의 대표적인 상권인 홍대 주차장 거리나 압구정의 가로수 거리 등은 권리금 분쟁으로 기사에 자주 언급되곤 한다. 대기업들이 지역 상권과 소상공인들의 생계 품목에까지 진출하면서 소상공인들은 설 자리가 점점 좁아지고 있고, 오랫동안 지역 상권을 활발하게 유지했던 상인들이 권리금 때문에 주변 지역으로 쫓겨났다는 기사도 쉽게 접한다. 그러다 보니 최근에는 오히려 높은 권리금 때문에 빈 상가들이 속출하는 지역도 생기고 있다.

    권리금의 역사는 꽤 오래되었다. 하지만 권리금에 대한 특별한 법 규정 마련이 되지 않은 채 권리금이 악용되면서 억울한 피해자를 양산하기도 했다. 권리금 자체가 법으로 보호받은 적도 없었다. 이러한 심각성을 파악한 정부가 2015년 5월에 상가건물임대차보호법 개정안을 마련하면서 법적으로 권리금을 보호받을 수 있는 길이 열렸다. 개정안에서는 임차인에게 권리금 회수의 기회를 보장했고, 임대인에게는 정당한 사유 없이 현재 임차인이 신규 임차인에게 권리금을 받고자 하는 행위를 방해할 수 없도록 방해금지 의무를 부과하는 등 권리금 보호를 위한 법적 근거를 마련했다.
    하지만 상업용 부동산 시장을 오랫동안 연구하고 권리금의 이해관계를 직간접적으로 많이 경험한 나로서는 새로운 법에 대해 낙관적으로만 보고 있지 않다. 법 개정의 취지는 억울한 임차인들의 권리를 보호하고자 했으나 이 역시 원래 취지와는 다르게 적용될 가능성이 있기 때문이다.

권리금을 주고받는 관계에서 분쟁의 원인을 찾아 해결하는 문제는 그리 단순하지 않다. 권리금 문제는 임대인과 임차인, 기존 임차인과 신규 임차인 간에 오랫동안 심각하게 대립되어온 사항이었다. 간혹 권리금 분쟁이 사회적 이슈가 되어도 법은 전혀 도움이 되지 못했고, 현실에서는 이해 당사자들 간의 계약 원칙에 따라 사적 다툼으로만 해결되는 정도였다. 이를 법적으로 공문화함으로써 임차인을 보호하려는 의도가 있었던 것은 사실이다. 하지만 개정된 법은 현재 임차인보다 임대인에게 더 유리하게 작용될 가능성이 있다. 왜냐하면 현재의 상가건물임대차보호법 개정안은 권리금 분쟁의 당사자를 현재 임차인과 임대인으로 보면서, 현재 임차인이 임대인에 비해 사회적 약자이므로 보호해주자는 시각을 지녔기 때문이다.

어떤 정책이 만들어질 때는 실행이 되는 경우의 형평성과 효율성을 검토해야 한다. 현재의 문제점만을 확대해서 파악하고 이를 개선하기에만 집중하면 그로 인해 또 다른 선의의 피해자가 새롭게 발생하거나 다른 사회적 문제가 생길 수도 있다는 점을 염두에 두어야 한다. 따라서 권리금 분쟁의 원인을 파악하고 그 문제를 해결하고자 한다면 현재 임차인을 사회적 약자로만 보고 접근하거나 해석해서는 안 된다.

법 개정이 앞으로 권리금 분쟁을 어떤 식으로 해결할지, 또 어떤 새로운 문제가 발생할지는 앞으로 더 지켜봐야 한다. 권리금은 오랫동안 음성적으로 거래된 금전 거래였기 때문에 법적 장치를 통해서 공문화해서 보호와 규제를 한다고 하더라도 많은 사람들에게 그것이 이득이 될지 손실이 될지는 아직까지 아무도 명확하게 장담할 수 없기 때문이다.

나의 경우는 기존의 권리금을 다른 각도로 본다. 즉 범위를 권리금 시장에 참여하는 모든 이해관계자들로 확대 해석하고 있다. 임대인, 현재 임차인, 신규 임차인, 그리고 중개업자(창업컨설팅 포함)들이 권리금 시장에 참여하고, 이들로 인하여 권리금이 생성·이전·확대·축소되어가면서 권리금 문제가 사회적으로 발생한다고 본다. 임대인과 현재 임차인뿐만 아니라 신규 임차인, 그리고 중개업자들과의 연결고리까지 염두에 둔 것이다.

그래서 이 책은 권리금에 대해 조금 다른 시각을 가지고 접근했다. 특히 실제로 벌어지고 있는 수많은 분쟁 등의 사례와 내게 직접 상담해온 사람들의 고민을 많이 다루었다. 현실에서는 이런 일이 벌어지고 있다는 사실을 인지해야 함을 강조한 것이며, 이런 사례들을 통해 이론적으로 어떤 문제점이 있는지 현실적으로 어떤 대안이 있는지를 함께 해석하고 고민하고자 노력했다. 특히 꽤 큰 금전 거래이기 때문에 거래하기에 앞서 타당성과 의미를 정확히 파악할 수 있도록 했다. 권리금이라는 말이 나오면 한 번쯤은 의심의 시선으로 점검해야 함을 명심하기를 바란다.

 창업을 구상 중인 신규 임차인들의 입장에서는 점포사업을 준비하고 계획할 때 보증금과 월 임대료에 대한 부담보다 초기에 집행해야 하는 권리금 때문에 어려움을 겪는 경우가 많다. 명확한 근거를 토대로 하지 않은 주먹구구식의 권리금이 문제 발생의 단초를 제공한다. 점포사업에 대한 노하우는 있어도 권리금이 부담스러워 선뜻 창업하지 못한다면, 이는 개인의 기회 손실일 뿐만 아니라 국가 경제 활성화 차원에서도 부정적인 요소가 될 것이 분명하다. 창업에 뜻을 둔 분들이라면 무엇보다 권리금의 이해관계를 정확히 알고 있어야 초기 사업 부담의 위험으로부터 벗어날 기회를 가질 수 있다.

 나는 권리금에 대한 이해관계를 정확히 파악하고, 바람직한 상가임대차 시장이 형성되기를 바라는 마음으로 이 책을 썼다. 그래서 임대인, 임차인, 상가투자자, 예비 창업자들이 내게 물었던 질문들을 중심으로 책을 엮었다. 그들이 궁금해 하는 사항이 바로 권리금에 대한 현실적인 문제이기 때문이다. 궁금한 질문을 던지고 이에 대해 내가 상세하게 대답하면서 나의 생각을 덧붙이는 형식을 택했다. 독자들은 가장 궁금한 사항부터 찾아 읽을 수도 있으며, 다른 사람들의 상담 사례를 통해서도 권리금을 둘러싼 분쟁에 대한 해결의 실마리를 찾아낼 수 있으리라고 생각한다.

내가 권리금 시장을 주제로 연구해보겠노라고 포부를 밝혔을 때 아낌없이 격려해주면서 이끌어주고, 수많은 토론을 함께해주신 한성대학교 부동산학과 백성준 교수님께 지면을 빌려 감사의 인사를 드린다.

또한 앞으로 이 나라를 이끌어갈 젊은이들이 장래희망을 건물주가 아니라 자신만의 재능을 잘 찾아내서 경제 활동을 하고, 그 경제 활동으로 많은 사람들과 경제적 행복을 누리기를 바란다.

경국현

머리말 왜 권리금을 의심해야 하는가? • 4

1장 당신이 아는 권리금, 모르는 권리금

01 권리금은 왜 발생하나요? • 19
02 '유형 또는 무형의 프리미엄'은 무슨 뜻인가요? • 22
03 '장소적 우월성'이란 어떤 의미인가요? • 26
04 구체적으로 '지역 권리금'은 무슨 뜻인가요? • 28
05 임대인도 권리금을 받을 수 있나요? • 29
06 권리금을 노린 투기꾼도 생기나요? • 32
07 적정 권리금을 산정하는 방식이 있나요? • 36
08 근거 없는 권리금을 요구하는 경우도 있나요? • 39
09 임차인이 주장할 수 있는 다른 권리금은 전혀 없나요? • 41

2장 당신의 권리금이 위험해요

10 2015년 5월 이전에는 어떤 방법으로 권리금을 주고받았나요? • 45
11 권리금계약이란 무엇인가요? • 47
12 한 번 준 권리금은 돌려받을 수 없나요? • 49
13 계약서에 권리금 인정 문구를 기재한 경우는 임대인에게 권리금을 청구할 수 있지 않나요? • 50
14 임대인이 되돌려 줘야 하는 '특별한 사정'이란 무엇인가요? • 51
15 임대인 입장에서 받을 수 있는 권리금의 명분은 무엇인가요? • 54
16 상가건물임대차보호법 개정의 취지가 임차인 보호인가요? • 57
17 재산권은 건물 소유주인 임대인이 행사하는 것 아닌가요? • 59

3장 권리금에 얽히고설킨 이해관계자들

18 좀 더 쉽게 권리금을 이해할 수 있는 방법이 있나요? • 63
19 중개업자는 어떤 역할을 하나요? • 66
20 중개업자에 따라 권리금 가액이 높아질 수도, 낮아질 수도 있나요? • 68
21 권리금 시장만의 독특한 특성이 있나요? • 72
22 권리금 문제를 정부는 왜 방치했던 걸까요? • 74
23 권리금은 받을 수만 있다면 받아두면 좋겠네요? • 75
24 현재 임차인이 신규 임차인에게 권리금을 받지 못하면 어떻게 되나요? • 76
25 권리금에 대한 접근 논리가 조금 다른데요? • 78
26 권리금에 거품이 많나요? • 83
27 권리금은 모든 상가에서 다 발생하나요? • 85
28 권리금이 없는 상가들은 어떤 상가들인가요? • 87
29 '비정상적인 권리금'이란 무엇인가요? • 89
30 '비정상적인 권리금'이라고 할 수 있는 기준이 있나요? • 90
31 권리금을 산정할 때, 유형별로 따로 산정하나요? • 92
32 권리금 장사로 돈 버는 사람은 결국 중개업자 아닌가요? • 95
33 권리금도 경기의 영향을 받나요? • 97
34 권리금을 꼭 줘야만 하나요? • 101
35 신규 임차인이 권리금 액수를 책정할 수는 없나요? • 103
36 현재 임차인도 불확실성을 가지는 이유는 무엇 때문인가요? • 105
37 중개업자는 두 가지 수수료를 다 받게 되나요? • 107

4장 임대차계약과 권리금계약 바로 알기

38 임대인이 직접 장사를 하겠다고 하면, 임차인은 그냥 나가야 하나요? • 113

39 높은 임대료에 이미 지역 권리금이 반영돼 있는 것 아닌가요? • 116
40 지역 권리금과 월 임대료는 전혀 상관없나요? • 119
41 노후화된 시설물도 권리금을 주고 인수해야 하나요? • 121
42 시설 권리금은 금전적 가치가 전혀 없나요? • 124
43 영업 권리금도 다르게 해석할 수 있나요? • 127
44 권리금을 안 줘도 된다는 말인가요? • 130
45 권리금은 어떤 과정을 거치면서 형성되나요? • 131
46 권리금은 다음 임차인에게 어떻게 이전되나요? • 138
47 경기가 호황일 때, 권리금은 어떻게 되나요? • 143
48 경기가 나빠지면, 권리금은 어떻게 되나요? • 148
49 상가임대차계약서에는 어떤 내용이 담기나요? • 155
50 임대인이 동의해주지 않으면 권리금을 받을 수 없나요? • 159
51 임대인의 동의 없이 권리를 이전하면 죄가 되나요? • 160
52 임대인이 동의해주는 이유가 있을까요? • 163
53 임대인이 동의하면 새로운 임차인과 계약해도 되는 건가요? • 165
54 임대인의 동의는 임대료와 관련이 있나요? • 167
55 상가임대차계약서 문구 중에 권리금과 관련된 것이 또 있나요? • 171
56 임차인이 가게를 접을 수밖에 없다면, 어떤 선택을 할 수 있을까요? • 174
57 과도한 권리금의 기준이 있나요? • 178
58 보증금보다 권리금이 더 많은 것은 모순 아닌가요? • 180

5장 개정된 상가건물임대차보호법, 이렇게 따져보세요

59 상가건물임대차보호법을 개정한 이유는 무엇인가요? • 187
60 '지역 권리금'에 대한 언급은 개정 이유에 없나요? • 189

61 개정된 법률안에 허점이 많은가요? • 191
62 개정된 법률안은 결국 누구에게 유리한가요? • 193
63 개정된 법률안에는 권리금에 대한 정의가 들어 있나요? • 196
64 권리금 회수 관련 조항은 임차인에게 유리한가요? • 199
65 '임대차 종료 전 3개월'이 아니면 권리금계약을 못하나요? • 202
66 임대인은 현 임차인이 구한 새 임차인과 무조건 계약해야 하나요? • 204
67 앞으로 권리금 분쟁이 늘어날 것이라 예상하는 이유는 무엇인가요? • 209
68 일반적으로 업계에서는 권리금 가액을 어떻게 산정하나요? • 215
69 감정평가사는 어떤 방법으로 권리금의 가치를 계산하나요? • 217
70 객관적으로 권리금 가액을 산정할 방법이 있나요? • 220
71 권리금의 적정 가액 산정이 계속 풀기 어려운 숙제로 남는다고요? • 223
72 감정평가사들이 보다 정확히 평가한다면, 분쟁이 줄어들지 않을까요? • 225
73 권리금 문제를 최소화할 수 있는 해결 방안은 있나요? • 228
74 '상가권리금 표준계약서'로 긍정적인 효과를 기대할 수 있을까요? • 230
75 상가건물임대차법 개정으로 앞으로 어떤 변화가 생길까요? • 235
76 분쟁조정위원회가 만들어져서 다툼을 중재한다고 하던데요? • 240

6장 권리금 분쟁 사례별 Q&A

1 권리금 다툼의 주요 원인과 해결책
임대인, 현재 임차인 입장에서 본 권리금 관련 사례

사례 1 임대인의 동의 여부 • 246
사례 2 상가임대차계약과 권리금계약 • 247
사례 3 시설 권리금 • 249
사례 4 영업 권리금 • 250

사례 5 임대인의 고액 차임 요구 • 252
사례 6 임대인이 점포사업 직접 운영 • 254
사례 7 상가건물임대차보호법의 적용대상 • 257
사례 8 임차인의 계약갱신 요구 • 257
사례 9 임대인의 비영리 목적 운영 • 259
사례 10 지역 권리금 • 261
사례 11 계약 갱신 요구 • 262
사례 12 상가임대차계약 종료 및 신규 계약 • 265

2 앞으로 생겨날 수 있는 권리금 분쟁
임대인, 신규 임차인 입장에서 본 권리금 관련 가상 사례

사례 13 임대인의 지역 권리금 • 267
사례 14 임대인이 요구 가능한 지역 권리금 • 268
사례 15 신규 임차인의 권리금 협상 • 269
사례 16 권리금계약에 따른 손해배상 • 270
사례 17 신규 임차인 주선 • 272
사례 18 임대인의 의무 • 273
사례 19 권리금 가액 평가 • 275
사례 20 임대인의 재건축 • 276

부록 상가건물임대차보호법 • 281 / 상가건물임대차보호법 시행령 • 296
참고문헌 • 303

1장

당신이 아는 권리금, 모르는 권리금

임대차계약을 할 때
"권리금이 있다, 없다" 하면서 말들이 많습니다.
권리금은 왜 발생하나요?

"권리금, 왜 발생하는가?" 이 물음에 답하려면 먼저 현재의 시점보다는 전통적인 관점에서 권리금이 어떻게 발생했는지를 알아야 합니다. 그러나 '이러한 거래가 언제부터 시작되었는가'를 증명하는 실제적, 구체적 자료를 찾는 일은 굉장히 어렵습니다. 그동안 상가임대차 시장에서 그냥 관행적으로 이루어졌다고 해석하는 것이 일반적 견해입니다.

상가권리금에 대한 여러 연구들을 살펴보면, 우리나라에서 권리금을 주고받은 행위가 발생한 시점을 일제강점기로 추정하고 있습니다. 하지만 조선고등법원의 판례에는 권리금과 관련된 내용이 없다고 합니다.

1945년 해방 이후 재산권이 불명확한 상황이 발생했고, 귀속재산을 권원(권리를 얻는 원인. 어떤 법률행위 또는 사실행위를 법률적으로 정당하게 하는 근거) 없이 점유하여 사용하던 자가 그 사용권을 양도하면서 그 대가로 금전을 받는 일이 발생했다고 합니다. 이것을 권리금의 시작으로 보는 견해가 있습니다.

또한 한국전쟁으로 대부분의 건물들이 파손된 상황에서 상가의 수는 턱없이 부족했습니다. 생계를 위해 도시로 몰려든 사람들은 웃돈을 주고서라도 상가를 구하고자 했고, 이때부터 권리금이 일반화되었다고 보는 견해입니다. 1963년 제정된 국토건설종합계획법에 따라 수립된 국토종합계획은 전국을 산업화 물결로 출렁이게 하면서 도시화를 가속화시켰습니다. 그 여파로 도시 지역의 입지 좋은 상가들은 수요와 공급의 불균형이 더 심화되었고, 자연스레 권리금을 주고받는 관행이 확산되었을 것이라고 추측하는 것이 일반적인 해석입니다.

이 내용을 이해하기 쉽게 표로 정리하면 아래와 같습니다.

원인	내용
사용권 양도	사용권을 이전함에 따라 발생하는 금전적 대가
수요와 공급의 불균형	도시로 인구가 집중되면서 상가의 수요와 공급의 불균형이 발생했고, 이에 따른 프리미엄

사용권 양도

주인 없는 부동산, 즉 무주부동산(無主不動産)을 점유하여 사용·수익 행위를 하던 자가 제3자에게 사용·수익을 넘겨주면서 일정한 금전을 수수하는 것을 '권리금'이라고 합니다. 부동산에 대한 소유권이 불명확하므로 권원이 있는 부동산에 대하여 임차인이 임대인의 동의를 받아 행하는 현재의 전대차(임차인이 임차물을 제3자에게 임대하는 계약)·임차권의 양도와는 구별되는 의미입니다. 즉 지금의 전대차·임차권을 양도하면서 받는 권리금과는 해석이 달라질 가능성이 있습니다.

수요와 공급의 불균형

산업화로 도시가 발전함에 따라 상업 지역의 장소적 가치가 달라졌고, 상가들의 수요와 공급의 불균형이 발생하였습니다. 인기가 높은 특정 지역의 상가는 점포사업자들이 서로 차지하겠다고 다투는 바람에 '프리미엄(웃돈)'까지 붙었습니다. 이처럼 정상적인 임대차 가격 외에 비정상적으로 당사자들 간에 비공개적으로 거래되는 프리미엄을 '권리금'이라 합니다.

권리금 이야기에 종종 등장하는 '유형 또는 무형의 프리미엄'은 무슨 뜻인가요?

앞에서 전통적인 발생원인 두 가지를 살펴봤는데, 지금 질문에 답하려면 다른 관점에서 권리금의 발생원인을 살펴봐야 합니다. 요즈음은 많은 상가들에서 '권리금 수수 관행'이 비일비재하게 발생하고 있습니다. 이는 임대인과 임차인 간의 다툼의 원인이 되곤 합니다. 그 다툼을 해결하기 위해 소송을 벌였고, 그 소송에 따라 대법원의 여러 판례가 나왔습니다.

> '권리금 수수 관행'이란 상가의 새 임차인이 그동안 점포사업을 하던 전 임차인에게 권리금을 지급하는 행위를 일컫는다.

2015년 5월, 상가건물임대차보호법 개정안이 통과되기 전까지는 권리금을 법률 조문이 아닌 판례에 따라 해석하는 것이 가장 합리적인 접근 방법이었습니다.

대법원에서는 권리금을 "영업용 건물의 영업시설, 비품 등의 유형물이나 거래처, 신용, 영업상의 노하우 또는 점포 위치에 따른 영업상의 이점 등 무형의 재산적 가치의 양도 또는 일정 기간 동안의 이용 대가"라는 의미[1]로 해석하고 있습니다. 여기서 '유형'과 '무형'이라는 단어가 등장합니다. 하나 더 주목할 것은 '기간의 이용 대가'라는 단어입니다. 이 세 가지를 대법원 판례에서는 권리금의 발생원인으로 보고 있습니다.

즉 앞에서는 권리금의 전통적 발생원인으로 두 가지를 제시했고, 여기서는 판례에 따라 해석하여 세 가지 발생원인으로 정리해 보았습니다. 첫째 유형적 요인, 둘째 무형적 요인, 셋째 기간의 이용 대가라는 것입니다. 유형적 요인의 대표적인 것이 '시설 권리금'이고, 무형적 요인의 대표적인 것이 우리가 흔히 말하는 '영업 권리금'입니다.

표를 이용해 정리하면 다음과 같습니다.

---

[1] 대법원 2002년 7월 26일 선고 2002다25013 판결,
대법원 2001년 11월 13일 선고 2001다20394, 20400 판결

원인	내용
유형적 요인	영업시설, 비품
무형적 요인	거래처, 신용, 영업상의 노하우, 위치의 이점
기간의 이용 대가	일정 기간 점포 사용에 대한 이용 대가

유형적 요인

유형적 요인의 권리금은 임차 대상이 되는 상가에서 점포사업을 하고자 하는 임차인이 상가임대차계약 공간에 설치된 시설, 인테리어, 비품 등 점포사업에 필요한 영업시설 일체 또는 일부를 양도받을 때 발생합니다. 이러한 시설비용은 임차인의 입장에서는 필요비 또는 유익비로 해석할 가능성이 존재하므로 다툼의 원인이 되기도 합니다. 그러나 판례에서는 임차인이 설치한 시설물은 자신의 사업을 경영하는 데 필요한 것이며, 건물과는 독립된 물건이므로 임대인이 상환의무를 지는 유익비 또는 필요비에 해당하지 않는다[2]고 하였습니다.

> 법에서 말하는 '유익비'는 임차인이 임차물의 객관적 가치를 증가시키기 위해 투입한 비용이고, '필요비'는 임차인이 임차물의 보존을 위해 지출한 비용을 말한다.

---

[2] 대법원 1980년 10월 14일 선고 80다1851, 1852 판결

무형적 요인

무형적 요인은 임차인에 해당하는 요인과 임대인에 해당하는 요인으로 다시 분류할 수 있습니다. 임차인에 해당하는 요인으로는 상가임대차계약을 통해 점포사업을 시작하면서부터 확보한 거래처, 신용, 그리고 영업상의 노하우 등입니다. 임대인에 해당하는 요인으로는 점포 위치에 의한 장소적 우월성에 따른 것입니다. 이러한 장소적 우월성은 임차인의 선택에 의한 것이 아니라 임대인이 소유한 부동산의 가치에 따라 형성됩니다.

기간의 이용 대가

상가임대차계약을 맺은 임차인이 임대차계약 종료 전에 특정인에게 임대차계약에 잔존하는 기간 혹은 신규 임차인이 상가임대차계약을 맺으면서 전 임차인의 임대차계약 조건을 변동 없이 그대로 양수하는 것입니다. 그렇게 되면 점포사업 수익을 짧은 시간에 달성할 수 있습니다. 즉 신규로 영업을 시작하여 안정적인 매출이 나올 때까지의 시간을 단축할 수 있습니다. 이에 대한 대가로 지급하는, 일종의 프리미엄입니다.

무형적 요인에 나오는 '장소적 우월성'이란 어떤 의미인가요?

판례에서 정리한 내용을 기준으로 흔히들 말하는 시설 권리금, 영업 권리금 등의 의미를 정할 수 있습니다. 그런데 판례의 무형적 요인을 보면 점포 위치에 따른 영업상의 이점이라는 것이 있습니다. 이것이 바로 '장소적 우월성'입니다.

바닥 권리금, 지역 권리금이란 말을 들어보셨나요? 업계에서는 흔히 '장소적 우월성'을 달리 표현해 '바닥 권리금'이라고 부르지만, 정확한 표현은 '지역 권리금'입니다. 따라서 바닥 권리금보다는 지역 권리금이라고 표현하는 것이 더 올바르다고 봅니다.

더군다나 판례에 나오는 '점포 위치'라는 용어는 부동산에서 '입지'를 의미합니다. 입지란 다른 부동산과 비교했을 때 상대적 기능 및 효율이 어떠한가를 이야기하는 것으로, 물리적 개념과 경제적 개념이 다 포함된 의미입니다.

쉽게 이야기하면 사거리 횡단보도 앞에 위치한 상가와 그렇지 않은 상가는 유동인구의 접근성 및 가시성뿐만 아니라 부동산의 가격(가치)에도 차이가 있습니다. 그러므로 '바닥'과 '지역'은 완전히 다른 의미입니다. 저는 점포의 실제 사용 면적을 흔히들 바닥 면적이라고 지칭한 데서 '바닥 권리금'이란 말이 생겨난 게 아닐까 생각하고 있습니다.

시설 권리금, 영업 권리금은 들어보았지만, 지역 권리금이란 말은 처음 들어봅니다. 구체적으로 '지역 권리금'은 무슨 뜻인가요?

　말 그대로 점포가 위치한 장소에 따른 영업상의 이점 또는 상업지역의 희소성 등과 같은 장소적 또는 지리적 환경요인 때문에 발생하는 사업적 가치를 금전의 대가로 지불하는 권리금입니다.
　일반적으로 이 지역 권리금은 임대인이 가지는 이익이고, 임차인은 누릴 수 없습니다.

05

권리금은 임차인들끼리 주고받는 돈으로 알고 있습니다. 임대인도 권리금을 받을 수 있나요?

　네, 임대인도 권리금을 받을 수 있습니다. 흔히들 권리금은 임차인들끼리 주고받는 것으로 알고 있지만, 사실 임대인도 임차인으로부터 권리금을 받을 수 있습니다.

　"위치의 이익이 되는 지역 권리금은 임대인에게 속하는 것이고, 기타 권리금은 임차인들이 누리는 이익이 된다. 따라서 지역 권리금을 바닥 권리금이란 명목으로 임차인으로부터 권리금을 받은 임대인은 권리금을 반환할 의무를 지지 않는다"는 논리가 성립되는 것입니다.

　그래서 "권리금이 임차인으로부터 임대인에게 지급되는 경우에, 그 유형·무형의 재산적 가치의 양수 또는 약정 기간 동안의 이용

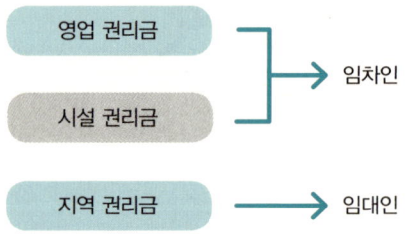

이 유효하게 이루어진 이상 임대인은 그 권리금의 반환의 의무를 지지 아니한다"[3]는 판례가 있는 것입니다. 단, 임대인이 받을 수 있는 권리금은 지역 권리금으로 한정돼 있다고 보는 것이 합당한 해석입니다.

그리고 임대인은 보증금을 거의 모든 상가임대차계약 시 받습니다. 보증금은 임대차계약이 끝나면 임차인에게 반환하는 돈입니다. 그러나 권리금은 반환하는 돈이 아닙니다. 여기서 주목해야 하는 것은 '반환'이라는 단어입니다. 임대인이 권리금을 받을 경우, 상가임대차계약 시 임대인은 임차인으로부터 권리금, 보증금, 월 임대료를 받습니다. 계약 종료 후에는 보증금만 임차인에게 반환합니다. 권리금과 월 임대료는 반환하지 않아도 됩니다. 즉 반환하지 않는 권리금은 보증금이라기보다는 월 임대료의 성격을 지녔다고 판단할 수 있습니다.

그러나 지역 권리금이 형성되는 상가들은 대부분 역세권의 전

---

[3] 대법원 2001년 4월 10일 선고 2000다59050 판결

면 또는 코너, 그리고 상권이 아주 좋은 지역에 위치합니다. 지역 권리금은 모든 상가들에 공통적으로 적용되지는 않습니다. 또 이러한 상가들은 다른 상가들에 비해 매매가격이 아주 높습니다. 프리미엄까지 얹어주고 매입하는 경우도 많습니다. 따라서 권리금이 보증금보다 월 임대료에 더 가깝다고 생각할 수 있으나, 본질적으로는 월 임대료와는 다르다고 볼 수 있습니다. 이미 프리미엄을 지불한 임대인이 지역 권리금 형태로 보상을 받는 것입니다.

임대인도 권리금을 받을 수 있는가?

임대인도 권리금을 받을 수 있다. 당연한 권리다. 단 받을 수 있는 권리금은 '지역 권리금'이라는 것으로 한정될 뿐이다. 이는 월 임대료와는 다른 개념으로, 장소적·지리적 요인에 의해 받는 금전의 대가다.

누구든 욕심낼 만한 입지 좋은 상가에 지역 권리금이 형성된다면, 권리금을 노린 투기꾼도 생기나요?

네, 그런 경우도 종종 있습니다. 즉 상가권리금이 투기적 요인 때문에 발생한다고 보는 견해입니다. 상가에 대한 권리를 선점한 다음, 권리금을 받고 다시 넘기는 방식이지요. 보통 불특정 다수의 신규 임차인들이 서로 경쟁하게 만든 후 권리금을 더 많이 주는 임차인과 상가임대차계약을 맺는 경우입니다. 이것도 지역 권리금의 한 형태로 해석합니다.

간혹 신규로 지어지는 분양 상가의 경우, 실제 수분양자(분양사와 분양계약을 체결한 사람)가 아닌 분양대행사나 시행사가 선임대차계약을 통해 임차인으로부터 지역 권리금을 받는 경우도 있습니다. 분양대행사나 시행사가 지역 권리금을 받고자 한다면 수분양자인 임대인을 속이고 작업하는 경우가 일반적입니다.

사실 이러한 경우가 종종 있기에 권리금의 발생원인 중 하나로 투기적 요인을 듭니다만, 저는 지나친 확대 해석이라고 봅니다. 신규 상가를 분양하는 현장에서 쉽게 발생할 수 없는 일이기 때문입니다. 만일 발생한다면, 등기분양 상가보다는 쇼핑몰이나 특정 테마 상가와 같은 임대분양 상가에서 발생할 확률이 높습니다. 이것도 예전에나 좀 있었지, 최근에는 거의 없습니다.

만일 분양영업사원이 선임대하고자 하는 임차인에게 지역 권리금 명목으로 권리금을 요구할 경우, 수분양자는 자연스럽게 이 사실을 알게 됩니다. 선임대 관련 계약서를 작성하기 위해서는 수분양자의 양해를 구해야 하기 때문입니다.

그렇기에 실제 현장에서는 수분양자와 협의한 후 진행되는 것이 일반적입니다. 즉 지역 권리금을 분양영업사원과 수분양자가 나누어 가지는 형태입니다. 그래서 저는 권리금 발생원인을 투기적 요인으로 해석하는 것은 지나친 확대 해석이라고 생각합니다. 그보다는 금전적 이득을 목적으로 하기 때문에 권리금 발생원인이 권리금 이해관계자들의 금전적 이득을 꾀하는 데 있다고 봅니다.

사례

　수도권의 A택지지구의 ○○프라자에서 상가분양 영업을 하던 김창호 팀장은 상담 도중에 상가를 임대하려는 고객을 만났다. 50대 중반의 L씨는 제과점을 운영할 수 있는 상가 자리를 찾고 있었다. 이에 김 팀장은 코너에 위치한 101호를 제안한 다음 보증금과 월 임대료에 대해 의견을 나누었다. 그러고는 101호 수분양자에게 전화를 걸어 선임대계약 의사를 물었다. 김 팀장은 할 수 있을 때 선임대계약을 맺는 것이 유리하다고 설득하는 한편, 코너 자리의 이점을 살려 지역 권리금을 받을 수 있도록 작업할 경우 본인에게 50% 수수료를 줄 수 있는지 여부를 확인했다. 지역 권리금이 뭔지도 모르던 101호 수분양자는 지역 권리금을 받게 해준다는 말에 당연히 승낙했고, 김 팀장에게 지역 권리금의 50%를 주기로 약속했다.

　사실 김창호 팀장은 101호 수분양자가 지역 권리금의 50%를 자신에게 주지 않겠다고 한다면, 굳이 이 계약을 추진할 이유가 없었다. 출입구 옆자리나 1층의 다른 상가를 분양받은 사람들과 개별 접촉하여 권리금 수수료를 줄 수 있는 대상을 찾을 생각이었다. 어차피 선임대차계약의 성사 여부는 분양상담사들의 재량에 따라 결정되는 경우가 많기 때문이다. 권리금 수수료도 주지 않는 수분양자라면 굳이 선임대차계약을 적극적으로 도와줄 필요가 없었다.

　김 팀장은 예비 임차인 L씨를 만나 지역 권리금에 대해 설명해 주었다. "현재 이 지역에서 1층 코너 상가를 임대하려면 적어도 1

억 원에서 1억 5천만 원의 권리금을 줘야 합니다. 그런데 101호 수분양자는 지역 권리금 명목으로 5천만 원을 요구하고 있습니다. 101호 자리가 좋기 때문에 사모님께서는 임대차계약이 종료될 시점에 최소 1억 원의 권리금을 확보하실 수 있을 겁니다." 예비 임차인 L씨는 김 팀장에게 수분양자와의 협상을 부탁했고, 최종적으로 4천만 원에 합의를 보았다. 선임대차계약 직후 김창호 팀장과 101호 수분양자는 지역 권리금 명목으로 받은 4천만 원을 2천만 원씩 나누어 가졌다.

07

적정 권리금을 산정하는 방식이 있나요?
권리금 가액을 산정할 때 보통 1년 정도의 영업수익을 기준으로 삼는다는데, 맞나요?

권리금 가액을 주고받을 때 보통은 시설 권리금 명분으로 처리합니다. 이것이 업계 관행인데, 그 이유는 영업 권리금은 계산하기 어렵기 때문입니다.

대개 1년 정도의 영업수익을 권리금으로 계산해서 주고받는다고 알고 있는 경우가 많습니다. 보통 그렇게도 합니다. 하지만 영업수익은 맘만 먹으면 얼마든지 조작할 수 있습니다. 어떤 임차인이 자신의 영업수익을 있는 그대로 새로 오는 임차인에게 이야기 하겠습니까? 더군다나 영업수익이 저조하다면 어떨까요? 새로 올 임차인에게 "장사가 잘 안 됩니다"라고 솔직하게 말할 현재 임차인은 세상에 없습니다. 무조건 "장사가 아주 잘됩니다"라고 할 것입니다.

영업 권리금은 영업상의 노하우, 거래처 확보, 고객들의 신뢰 등에 대한 무형적 재산의 가치이기 때문에 현재 임차인은 새로운 임차인에게 점포를 양도하는 과정에서 일정 기간 발생할 수 있는 순이익금의 합계를 양수인으로부터 받을 수 있습니다.

이때 통상적으로 1년 정도의 순수익의 합계를 감안하여 계산합니다. 그러나 1년이란 기간에 대해 모든 권리금을 획일적으로 적용하지는 않습니다. 상황에 따라 다릅니다.

이러한 관행이 왜 생겼는지는 알 수 없습니다. 또 어떤 논리로 그런 주장을 하는지 관련 자료도 없습니다.

다만, 상가건물임대차보호법 제9조 "기간을 정하지 아니하거나 기간을 1년 미만으로 정한 임대차는 그 기간을 1년으로 본다. 다만 임차인은 1년 미만으로 정한 기간의 유효함을 주장할 수 있다"라는 조항에 근거해 이러한 관행이 업계에 퍼진 듯합니다. 혹은 권리금을 수수하는 입장에서 3개월 또는 6개월에 해당하는 순수익을 달라고 하는 것보다 그냥 1년 치 순수익을 달라고 하는 것이 더 간편하기 때문에 이런 관행이 생겨난 게 아닌가 싶습니다. 문제는 이러한 기간도 지역의 상권 규모, 지역 환경 등의 편차에 따라 달라질 수 있기 때문에, 사실 영업 권리금 가액을 산정하는 일은 굉장히 어렵습니다.

결국 영업 권리금과 시설 권리금은 가변적이므로 각각의 금전적 가치를 매기는 것이 주관적일 수밖에 없습니다. 반면 지역 권리금은 입지에 대한 프리미엄이므로 타 권리금에 비해 비교적 간단히 산출할 수 있습니다. 부동산가치를 평가하는 세 가지 방법, 즉 시장접근법, 비용접근법, 소득접근법을 이용해 입지에 대한 프리미엄을 산출하게 됩니다.

권리금 가액은 객관적으로 공정하게 산정될 수 있는가?

권리금 가액을 산정하는 일은 주관적일 수밖에 없다. 지역 요인, 시설 요인, 영업 요인을 객관적으로 정확하게 산출한다는 것은 어불성설이다. 따라서 권리금을 주는 자와 받는 자 중 누구 하나는 손실을 볼 확률이 높고, 반대로 누구 하나는 이익을 볼 가능성이 크다. 더군다나 불필요한 시설물인 경우와 전 임차인과 다른 업종으로 창업할 경우엔 더더욱 주관적인 금액으로 산정할 수밖에 없다.

권리금 산정이 주관적으로 이뤄진다면, 현재 임차인이 근거 없는 권리금을 요구하는 경우도 있나요?

네, 있습니다. 예를 들어 설명해보겠습니다. 치킨 가게를 운영하는 현재 임차인 '갑'은 화장품 가게를 운영하고자 하는 새로운 임차인 '을'로부터 권리금을 받고자 합니다. 갑이 을에게 요구하는 권리금은 5천만 원입니다. 이때 갑이 받는 권리금의 명분을 한번 생각해볼 필요가 있습니다.

치킨 가게에 적합한 시설물이나 인테리어는 화장품 가게를 구상 중인 을에게는 전혀 쓸모가 없습니다. 그래서 시설 권리금을 주장할 수 있는 명분이 없습니다. 영업 권리금도 마찬가지입니다. 치킨 가게와 관련된 영업상의 노하우, 거래처 명단, 고객의 신뢰 등은 화장품 가게 운영에 전혀 도움이 되지 않습니다. 마지막으로, 지역 권리금은 임차인인 갑이 아니라 임대인이 주장할 수 있는 권리금입니다.

결론적으로 을은 갑에게 권리금을 줄 필요가 없다는 논리가 성립됩니다. 갑은 무슨 권리로 을에게 권리금을 요구할 수 있는지 생각해봐야 합니다. 더군다나 몇 달째 적자라서 치킨 가게의 문을 닫는 상황이라면 더더욱 갑은 을에게 권리금을 요구할 명분이 없습니다.

그럼에도 불구하고 시장 관행상 을이 갑에게 권리금을 주는 것이 옳다면, 이는 너무나 비합리적입니다. 이 경우 갑은 망한 치킨 가게의 손실금을 을이 주는 권리금으로 메우게 되니 손해 보는 장사가 아니고, 을은 안 줘도 될 권리금을 줬으니 흔히 말하는 '호갱(어수룩하여 이용하기 좋은 손님을 일컫는 신조어)'이 되고 맙니다.

안 줘도 될 권리금을 신규 임차인이 주는 경우가 있다는 말이군요. 그럼, 현재 **임차인이 주장할 수 있는 다른 권리금은 전혀 없나요?**

아니오, 있습니다. 지역·영업·시설 권리금은 가장 흔한 권리금 종류이고, 이외에도 다양한 명분의 권리금이 존재합니다. 먼저 임차인이 임차권의 양도 또는 전대차를 할 수 있다는 조건에 대한 대가로 지급하는 권리금을 들 수 있습니다. 임대차계약을 통해 일정 기간 동안 그 임대차를 존속시키는 임차권 보장의 약정 하에 임차인이 임대인에게 지불하는 권리금을 '임차권 보장 권리금'이라고 합니다.

정부의 각종 인·허가 사항이나 지역의 독점적 사업권을 갖는 대리점 권한 등을 그대로 승계할 때 양수인이 지불하는 권리금을 '허가 권리금'이라고 합니다. 예를 들어 편의점을 운영한다고 가정해봅시다. 이 경우 편의점 수익의 큰 부분을 차지하는 담배권(담배소매인 지정권) 같은 것은 담배사업법에 의해 담배소매에 대한 기준과 절차를 거쳐야 하므로 담배소매에 대한 권리금이 조건부로 붙어 있는 경우가 일반적입니다(원칙상 담배권은 양도양수가 불가능합니다).

하지만 이러한 권리금은 아주 제한적인 것이어서 거의 발생하지 않는다고 봐도 무방합니다.

> **이런 것도 궁금해요!**
>
> ● 로또 판매권도 권리금일까? ●
>
> 로또는 2003년 이후 신규 판매인 모집이 없었다. 지난 2014년, 11년 만에 판매인을 새로 뽑았는데, 취약계층에 한해 신청 자격이 부여되었다.
> 그러다보니 로또 판매를 둘러싼 꼼수가 판치고 있다. 편의점이나 슈퍼마켓을 운영하는 사람은 좋은 상권에 로또 판매점을 내거나 로또 단말기를 설치하고 싶어 하지만 자격이 되지 않는다. 한편 취약계층으로 로또 판매인 자격을 받았지만 로또 판매점을 차릴 형편이 안 되는 사람들도 많다. 이들이 의기투합해 로또 단말기를 임대해서 수익을 올리는 경우도 있다. 실례로 편의점주가 모이는 인터넷 카페에서는 '로또 판매권'이 거래되기도 한다.
> 여기서 '로또 판매권'은 하나의 권리금으로 해석할 수 있다. 일반적인 지역 권리금, 영업 권리금, 시설 권리금과는 성격이 다르지만 권리금으로 분류할 수는 있다.

2장

당신의 권리금이 위험해요

2015년 5월 상가건물임대차보호법이 개정되기 이전에는 어떤 방법으로 권리금을 주고받았나요?

임차인들 사이에서 거의 음성적으로 주고받았다고 볼 수 있습니다. 대부분은 상가임대차계약을 체결하기 전에 구두로 먼저 권리금 가액을 합의했으며, 간혹 좀 더 분명한 계약을 위해 권리금에 대한 내용을 문서로 남기기도 했습니다. 상가임대차계약이 진행되는 과정에서 현재 임차인은 신규 임차인으로부터 권리금을 받았습니다. 이때 주고받은 돈은 음성적이어서 세무서의 감시망에 걸리지 않았습니다. 바보가 아닌 이상 권리금을 받은 현재 임차인이 "권리금이란 소득이 생겼으니 세금을 내겠습니다"라고 하지는 않았을 테니까요.

당연히 권리금에 대한 문서는 신규 임차인과의 상가임대차계약이 완료된 후 폐기되었습니다. 권리금을 받은 현재 임차인이나 권리금 수수료를 받은 중개업자 입장에서는 권리금계약 문서가 소득신고를 누락한 결정적 증거가 될 수 있기에, 상가임대차계약이 체결된 후 바로 없애버린 것이지요. 신규 임차인의 손에 권리금을 줬다는 문서가 남아 있지 않도록 하는 일도 업계의 일반적인 관행이었습니다.

신규 임차인의 입장에서는 '뭔가 이상하다'라는 생각이 들 수도 있었지만, 권리금을 지불했다는 계약서를 가지고 있어 봤자 득이 될 건 없었습니다. 권리금을 받은 사람 또는 권리금 수수료를 받은 사람을 소득세 탈세 행위로 신고하는 용도 외엔 계약서를 사용할 일이 없었기 때문입니다. 그래서 모두의 합의 하에 폐기했던 것입니다. 간혹 신규 임차인이 이를 거부하기도 했는데, 이때는 애당초 권리금 작업을 하지 않는 경우가 대부분이었습니다.

이렇게 하나 저렇게 하나 신규 임차인에게 권리금은 법으로 보호를 받는 돈이 아니었습니다. 임대차계약이 종료될 시 임대인에게 권리금을 달라고 요구할 수도 없었고, 권리금을 받아간 임차인에게 반환 청구를 할 수도 없었습니다.

하지만 이제는 상황이 달라졌습니다. 상가건물임대차보호법이 개정되어 권리금계약서를 작성할 수 있으므로 이러한 관행은 없어질 것으로 보입니다.

11

돈이 오가는 거래인데도
법의 보호를 받을 수 없고, 권리금을 주고받은
계약서가 있어도 문제가 생겼을 때
반환 청구도 못한다는 사실이 믿기지 않아요.
도대체 **권리금계약이란 무엇인가요?**

좀 어려운 용어일 수도 있는데, 이론적으로 권리금계약은 상가임대차계약에 부종하는 계약입니다. 즉 권리금계약의 효과는 상가임대차계약이 진행되는 동안에만 유효하다는 의미입니다. 상가임대차계약이 없으면 권리금계약은 아무 의미가 없습니다.

흔히들 권리금계약을 체결하면 권리금을 안전하게 보장받을 수 있다고 생각하는데, 실상은 그렇지 않습니다. 상가임대차계약 종료 전까지만 권리금계약이 유효합니다. 이 점을 명심해야 합니다.

상가 권리금은 임차인들 간의 거래일 뿐 임대인은 거의 관여하지 않는 것이 일반적인 관행입니다. 따라서 권리금계약의 당사자는 권리금을 수령하는 '현재 임차인'과 권리금을 지불하는 '신규 임차인'이 됩니다. 또한 권리금계약은 사적 계약이므로 계약자유의 원칙에 따라 민법 제103조의 '반사회질서 행위'와 민법 제104조의 '폭리 행위'에 해당하지 않는다면 유효합니다. 따라서 상가임대차계약이 존속하는 기간에 권리금계약을 맺어야 유효하게 권리금을 수령할 수 있습니다. 좀 더 쉽게 설명하면 이렇습니다.

홍길동이라는 임대인이 있고, 갑이라는 현재 임차인과 을이라는 신규 임차인이 있다고 가정합시다. 홍길동과 갑 사이에 체결된 상가임대차계약이 현재 종료되지 않은 상태여야 갑은 을에게 권리금을 요구할 수 있습니다. 만일 상가임대차계약이 종료되었다면 홍길동과 갑은 아무런 권리관계가 없는, 그냥 남남입니다. 당연히 갑은 제3자인 을에게 권리금을 주장할 수 없습니다. 만일 갑에게 권리금을 주장할 수 있는 권리가 있다면, 이 말은 곧 을뿐만 아니라 지나가는 불특정 다수에게 권리금을 주장할 수 있다는 의미가 됩니다. 당연히 말도 안 되는 이야기입니다.

권리금은 한 번 주면 끝인가? 되돌려 받을 수는 없는가?

일반적으로 권리금은 임대인이 반환의무를 지지 않는다. 판례에 따르면 특별한 사정이 있을 때에만 임대인은 그 권리금 전부 또는 일부의 반환의무[4]를 진다고 한다.

---

4   대법원 2000년 9월 22일 선고 2000다26326 판결

12

신규 임차인이 뒤늦게 권리금을 너무 많이 줬음을 알았습니다. 이 경우에도 한 번 준 권리금은 되돌려 받을 수 없나요?

네, 상가임대차계약이 정상적으로 이루어진 이상 전 임차인으로부터 되돌려 받을 수 없습니다. 또한 임대인도 반환의무를 지지 않습니다. 대법원 판례를 보면, 특별한 사정이 있을 때에만 임대인은 그 권리금의 전부 또는 일부의 반환의무를 진다고 합니다. 여기서 '특별한 사정'이라고 함은 상가임대차계약이 종료되기 전에 그 재산적 가치를 도로 넘겨받아 점포사업을 도저히 유지할 수 없게 하거나, 임대인의 사정으로 상가임대차계약이 중도 해지되면서 임차인이 재산적 가치를 사용하지 못하는 경우에 해당됩니다. 따라서 일반적인 권리금은 새로운 임차인에게만 받을 수 있고, 특별한 경우가 아니라면 임대인에게도 돌려달라고 할 수 없습니다.

13

상가임대차계약서에 "권리금을 인정한다"라는 문구를 기재한 경우는 임대인에게 권리금을 청구할 수 있지 않나요?

임대인에게 청구할 수 없습니다. "어떻게든 권리금을 되돌려 받을 수 있지 않을까" 하는 미련을 버려야 합니다.

간혹 임대차계약서를 작성하면서 임차인의 요구로 단서 조항에 권리금액의 기재 없이 "권리금을 인정함"이라는 문구를 적어 넣는 경우가 종종 있습니다. 이렇다 해도 임대인이 상가임대차계약이 종료된 시점에 임차인에게 권리금을 반환하겠다고 약정한 것으로 볼 수 없습니다. 이러한 경우는 현재 임차인이 상가임대차계약이 종료하는 시점에 신규 임차인에게 권리금을 수수하는 행위를 임대인이 동의한다는 뜻으로 해석해야 합니다.

14

임대인이 권리금을 되돌려 줘야 하는 '특별한 사정'이란 무엇인가요?

임대인이 정당한 사유 없이 임차인의 점포사업을 유지할 수 없게 하거나, 상가건물임대차보호법에 따른 임대차계약의 갱신을 거절함으로써 임차인이 권리금을 받을 기회를 방해하는 경우가 있습니다.

판례에서는 이러한 경우 상가임대차계약서에 기재된 문구에 근거하여 임대인이 임차인에게 직접 권리금 지급을 책임지겠다는 취지[5]로 해석하고 있습니다.

임대인이 반환의무를 부담하는 권리금의 범위는 임대차계약 경

---

[5] 대법원 2000년 4월 11일 선고 2000다4517, 4524 판결

과기간과 잔존기간에 대응하여 나누어야 합니다. 즉 임대인은 임차인으로부터 수령한 권리금 중 임대차계약이 종료될 때까지의 기간에 대응하는 부분을 공제한 잔존기간에 대응하는 부분만을 반환할 의무를 지닌다고 보는 게 공평의 원칙에도 부합할 것입니다. 일정한 기간 이상으로 그 임대차를 존속시키기로 하는 임차권 보장의 약정 하에 임차인이 권리금을 임대인에게 지급한 경우에는 보장기간 동안의 이용이 유효하게 이루어진 이상 임대인은 그 권리금의 반환의무를 지지 않는다는 것[6]입니다. 결국 특별한 사정이 있을 때에만 임대인은 그 권리금의 전부 또는 일부를 임차인에게 반환할 의무를 가집니다.

단, 현재 임차인은 당초 작성한 상가임대차계약에 반대되는 약정이 없는 한 임대인의 동의를 받아 임차권의 양도 또는 전대차의 방법으로 그 재산적 가치를 신규 임차인에게 양도 또는 이용케 함으로써 권리금의 상당액을 회수할 수 있습니다. 따라서 임대인은 반환의 약정이 있는 등의 특별한 사정이 있을 때에만 권리금의 전부 또는 일부의 반환의무를 진다[7]고 하는 것입니다.

다시 한 번 정리하면, 임대인과 임차인이 서로 약정한 임대차 기간이 종료될 때는 권리금 반환 문제가 발생하지 않습니다. 그러나 당사자 간의 약정이나 권리금을 수수한 임대인의 귀책사유로 임대

---

6 대법원 2002년 7월 26일 선고 2002다25013 판결
7 대법원 2001년 4월 10일 선고 2000다59050 판결

차계약이 중도 해지되는 경우에는 임차인이 임대인으로부터 권리금을 회수할 수 있습니다. 이 경우에도 권리금의 성격과 종류, 기간에 따라 돌려받을 수 있는 권리금 액수가 달라집니다.

15

임대인도 권리금을 받기도 하는데요.
**임대인 입장에서 받을 수 있는
권리금의 명분은 무엇인가요?**

임대인이 받는 권리금은 점포의 위치에 따른 영업상의 이점인 지역 권리금의 성격입니다. 임대인은 특정 점포사업을 위해 직접 내부에 시설물 따위를 설치하지 않습니다. 또한 영업 매출을 증대시키기 위해 거래처를 개발하거나 영업 노하우를 축적하는 일도 하지 않습니다. 당연히 신규 임차인에게 뭔가 사업상의 비법을 전수해주는 일도 없습니다. 그래서 시설 권리금이나 영업 권리금을 받을 수 있는 명분이 없습니다. 임대인은 오로지 지역 권리금만 받을 수 있습니다.

이에 대해 대법원 판례는 일관되게 "일정한 기간 이상으로 임대차를 존속시키기로 하는 임차권 보장의 약정 하에 보장기간 동안의 이용이 유효하게 이루어진 이상 임대인은 권리금의 반환의무를 지지 않는다"라고 말합니다. 따라서 임대인이 지역 권리금을 받았다고 해도 임차인은 임대인에게 권리금 반환을 청구할 수 없고, 임대인은 권리금의 수령 여부와 관계없이 임대차계약 종료 후에는 점포건물을 인도받을 수 있습니다.

상가임대차계약서에 "임대인이 점포를 요구할 경우, 임대인은 임차인에게 권리금을 변제한다"라는 문구를 적어 넣었을 때도 임차인은 권리금을 돌려받을 수 없는가?

일반적으로 권리금은 보증금과 달리 특별한 사정이 없는 한 돌려받을 수 없다. 위와 같은 문구를 상가임대차계약서에 기재했다고 해서 임대차 기간이 만료된 후 임대인이 당연히 임차인에게 권리금을 지급하겠다고 약정한 것으로 볼 수는 없다[8]는 것이 대법원 판례의 견해다. 권리금 지급은 현재 임차인과 신규 임차인 간의 다툼의 문제로 해석된다.

---

[8] 대법원 1994년 9월 9일 선고 94다28598 판결

창업하려는 임차인들은 비싼 권리금 때문에 고민이라고 합니다. 상가건물임대차보호법 개정의 취지가 임차인 보호인가요?

기본적으로는 임차인 보호가 맞습니다. 법으로 임차인의 권리금을 보호해주자는 논의가 바로 상가건물임대차보호법 개정의 출발점입니다. 권리금이 임차인들에게는 부담스런 금액이므로 법으로 만들어서 임차인이 지불한 권리금을 보호해주자는 접근 논리입니다.

저는 이를 크게 두 가지로 해석하고 있습니다.

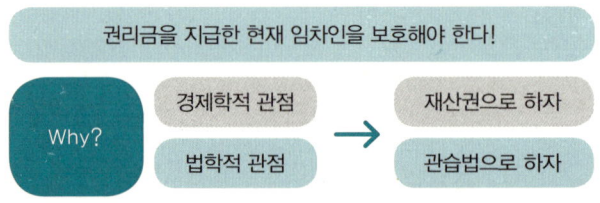

첫째, 경제학적 관점입니다. 이 관점에서는 권리금 자체는 무형의 재산적 가치의 양도 또는 일정 기간 동안의 이용 대가라는 판례[9]에 근거한다고 봅니다. 여기서 재산적 가치라는 말에 주목해야 합니다. 권리금을 임차인의 재산권으로 보는 견해의 시발점이기 때문입니다.

최근에는 사회경제적인 변화에 따라 재산권의 범위가 '사적인 유용성과 임의적인 처분 권능이 인정되는 재산적 가치가 있는 구체적 권리 또는 사회 통념에 의해 형성된 모든 재산 가치가 있는 사법상의 권리와 공법상의 권리'로 확대되는 경향[10]이 있습니다. 즉 현재 임차인의 노력으로 형성된 재산권이 권리금이라는 견해입니다. 그래서 이를 보호해줘야 한다는 논리입니다.

둘째, 법학적 관점입니다. 이 관점으로는 2015년 상가건물임대차보호법 개정안이 나오기 전까지 '권리금'이라는 용어의 정의나 규정이 없었습니다. 딱 한 군데 세법에서 "영업권(점포임차권)의 양도로 인하여 발생하는 소득을 기타 소득에 해당하는 것으로 본다. 점포임차권이란 거주자가 사업소득이 발생하는 점포를 임차하여 점포임차인으로서의 지위를 양도함으로써 얻는 경제적 이익을 말한다"라고 하여, 간접적으로 권리금을 규정짓고 있었습니다. 이는 소득 과세의 근거를 만들기 위한 것이어서 해석하는 데 한계가 있

---

9   대법원 2002년 7월 26일 선고 2002다25013 판결,
    대법원 2011년 11월 12일 선고 2001다20394, 20400 판결
10 헌법재판소 1997년 11월 27일 선고 97헌바10 결정 참조

습니다.

비록 권리금 관련 법 규정은 없었으나, 법학의 관점에서는 권리금을 관습법으로 보는 견해가 일반적이었습니다. 이는 임차인이 임대인에게 영업용 건물의 임대차에 수반하여 임대차 당사자 간의 약정이나 관련 상관습에 따라 지급하는 임차보증금이나 차임 외의 금전을 권리금이라고 한 판례[11]에 근거한 것입니다. 이 판례에 등장하는 '상관습'이라는 용어를 근거로 권리금을 관습법으로 보고, 권리금을 살아있는 법으로 해석했습니다.

권리금 수수는 관행 단계를 넘어섰습니다. 최근에는 민법 제106조[12]의 '사실인 관습' 단계를 벗어나 민법 제1조[13]의 '관습법' 단계에 이르렀다고 주장하기도 합니다. 이에 한 발 더 나아가, 관습법으로 해석하지 말고 성문법으로 규정하자는 것입니다.

이러한 두 가지 이유로 인해 권리금은 실정법상의 권리이며, 구체적으로는 사권(私權), 재산권이라고 이해할 수 있습니다.

---

11 대법원 2000년 9월 22일 선고 2000다26326 판결
12 민법 제106조(사실인 관습)_ 법령 중의 선량한 풍속 기타 사회질서에 관계없는 규정과 다른 관습이 있는 경우에 당사자의 의사가 명확하지 아니한 때에는 그 관습에 의한다.
13 민법 제1조(법원)_ 민사에 관하여 법률에 규정이 없으면 관습법에 의하고, 관습법이 없으면 조리에 의한다.

17

권리금을 임차인의 재산권으로 본다고요?
재산권은 건물 소유주인 임대인이 행사하는 것 아닌가요?

조금 어렵습니다. 법학적, 경제학적으로 접근하면서 대법원 판례를 근거로 이야기하는 것입니다. 물론 반대 의견도 있습니다.

권리금을 경제적 가치가 있는 재산권과 관습법으로 인정하려면 권리금 수수 형태가 상가건물임대차 시장에서 계속적이고 반복적으로 발생돼야 합니다. 그래야 거래의 관행이 됩니다. 이러한 관행은 민법 제106조 '사실인 관습'에 해당될 여지가 있으므로 권리금을 관습법이라 할 수 있습니다.

그러나 판례를 보면 "관행은 정당성과 합리성이 있다고 인정될 수 있는 것이어야 하고, 그렇지 아니한 사회생활 규범은 그것이 비록 사회의 거듭된 관행으로 생성된 것이라고 할지라도 이를 법적 규범으로 삼아 관습법으로서의 효력을 인정할 수 없다"[14]라고 합니다. 즉 권리금이 계속적이고 반복적으로 발생하지 않으면 '사실인 관습'에서 벗어나므로 관습법의 대상에서 제외될 가능성도 있습니다.

권리금이 상가임대차 시장 전반에 나타나기는 하지만, 임차인들이 권리금을 거래하는 개별 상가들은 권리금의 존재 자체가 가변적이기 때문입니다. 상가임대차 시장은 경기 변동에 따라 없던 권리금이 생겨나기도 하고, 있던 권리금이 없어지기도 합니다. 현실에서 이런 일이 계속적이고 반복적으로 발생하기 때문에 권리금을 관습법의 대상으로 적용할 수 있다는 해석은 조심스러운 접근이 필요합니다.

또한 "재산권은 사적 유용성 및 그에 대한 원칙적인 처분권을 내포하는 재산적 가치가 있는 구체적인 권리이므로 구체적 권리가 아닌 단순한 이익이나 재화의 획득에 관한 기회 등은 재산권 보장의 대상이 아니다"[15]라는 판례를 고려해보면 권리금을 재산권으로 해석하는 시선도 다소 우려가 됩니다. 권리금 수수 행위가 빈번하게 발생하고 있지만, 그 발생원인이 현재 임차인들의 단순한 이익이나 금전 획득을 위해 이용되는 경우라면 더더욱 그렇습니다.

---

[14] 대법원 2003년 7월 24일 선고 2001다48781 전원합의체 판결
[15] 헌법재판소 1996년 8월 29일 선고 95헌바36 결정,
헌법재판소 1997년 11월 27일 선고 97헌바10 결정

3장

권리금에 얽히고설킨 이해관계자들

권리금에 대한
기본적인 해석은 알게 되었는데요.
좀 더 쉽게 권리금을 이해할 수 있는
방법이 있나요?

권리금을 제대로 이해하기 위해선 먼저 이해관계자들에 대해 알아야 합니다.

'권리금 이해관계자'란 보통 임대인과 현재 임차인, 그리고 신규 임차인을 말합니다. '권리금 당사자'라고 표현하기도 합니다. 여기서는 권리금 이해관계자라는 용어를 사용하겠습니다. 제가 그 용어를 쓰는 이유는 권리금 이해관계자라는 말이 좀 더 넓은 의미를 지녔기 때문입니다. 권리금 당사자는 권리금을 주는 신규 임차인 그리고 권리금을 받는 현재 임차인 또는 임대인을 지칭합니다. 만일 임대인이 권리금을 받지 않는다면, 임대인은 권리금 당사자 목록에서 제외됩니다.

그러나 권리금 이해관계자로 확대해보면 임대인, 현재 임차인, 신규 임차인 그리고 중개업자까지 모두 포함할 수 있습니다. 이렇게 확대해서 이해해야 권리금이 생성되어 거래되고, 종료되는 환경이 좀 더 현실적이면서 사실적으로 다가올 것입니다.

사실 권리금을 임차인들끼리 직접 주고받는 경우는 거의 없습니다. 거의 모든 거래 과정에는 중개업자가 개입해 권리금 가액을 조정하고 있습니다. 단순히 중개업자라고 표현했지만, 그 안에는 일반 중개업소 관계자뿐만 아니라 창업컨설팅업체 관계자까지 모두 포함돼 있습니다. 아래 그림을 보시면 권리금 이해관계자들이 서로 어떻게 연결돼 있는지 이해하실 것입니다.

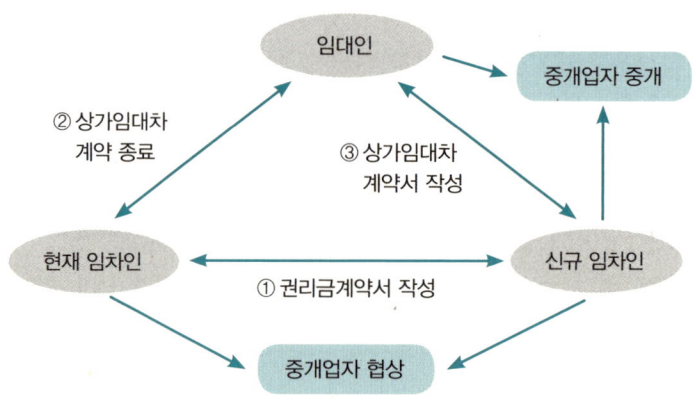

자, 권리금을 주고받는 과정을 한번 살펴봅시다.
① 현재 임차인과 신규 임차인 사이에 권리금계약이 체결됩니

다. 이때 중개업자는 현재 임차인이 받고자 하는 권리금 가액과 신규 임차인이 지불할 수 있는 권리금 가액을 상호 조정하는 역할을 합니다.

② 상호 합의를 통해 권리금 가액이 정해지면, 현재 임차인과 임대인 사이에 맺었던 상가임대차계약은 파기(종료)됩니다.

③ 마지막으로, 임대인은 신규 임차인과 새로운 상가임대차계약을 맺습니다. 이 과정에서도 중개업자가 그 역할을 조정하여 업무를 처리합니다.

권리금계약서를 작성한 후 현재 임차인과 신규 임차인 간에 전대차계약서를 작성하지 않고, 현재 임차인이 임대인과 체결했던 상가임대차계약을 종료하는 이유는 무엇인가?

만일 신규 임차인이 상가를 전대차계약으로 승계한다면 임대 기간이 문제가 될 수 있다. 임대차계약 종료까지 6개월 남은 시점에서 전대차계약을 할 경우, 신규 임차인은 재계약 여부에 따라 큰 손실을 입을 수도 있기 때문이다. 만일 임대인에게 다른 계획이 있어 재계약을 거부한다면 신규 임차인은 상가를 비워줄 수밖에 없다. 또한 임대인 입장에서도 임차인들 간의 전대차계약은 아무 실익이 없으므로 굳이 동의해줄 필요성을 못 느낀다. 이러한 이유로 임대인은 전 임차인과 맺은 상가임대차계약을 종료하고, 새 임차인과 새로이 상가임대차계약서를 작성하게 된다.

권리금을 주고받는 과정에서
중개업자가 중요한 역할을 하는군요.
중개업자는 어떤 역할을 하나요?

저는 권리금 시장을 해석할 때 중개업자를 권리금 이해관계자로 표현합니다. 그러면 이해하기가 더 쉽습니다. 일반적으로 시장은 매도자와 매수자에 의해 특정 재화나 서비스의 교환이 이루어지는 곳입니다. 교환은 매도자와 매수자의 자발적 의사에 의해 이루어집니다.

한편, 시장에서 상호작용을 하는 사람들의 행위를 '수요'와 '공급'이라고 일반적으로 표현합니다. 따라서 권리금 시장에서는 권리금을 받는 현재 임차인이 매도자의 역할로서 공급의 측면에 있다고 할 수 있습니다. 또 권리금을 지불하는 신규 임차인은 매수자의 역할로서 수요의 측면에 있다고 볼 수 있습니다.

그런데 권리금을 받고자 하는 현재 임차인과 권리금을 지불하고자 하는 신규 임차인은 서로를 잘 모릅니다. 정보가 전혀 없으니 원만한 거래를 위해선 중개업자나 창업컨설팅업체 등의 도움을 받을 수밖에 없습니다.

아래 그림을 보시면, 권리금 시장에서 중개업자가 어떤 역할을 하는지 알 수 있습니다. 중개업자는 권리금을 유통시키는, 즉 유통업자라고 해석할 수 있습니다.

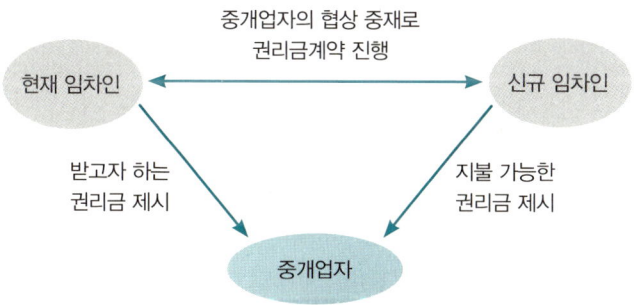

20

중개업자가 어느 쪽에 힘을 실어주느냐에 따라 권리금 가액이 높아질 수도, 낮아질 수도 있나요?

네. 현재 임차인과 신규 임차인은 상대방이 희망하는 권리금 가액에 대한 정보가 전혀 없으며, 중개업소나 창업컨설팅업체를 통해 주고받는 정보가 전부입니다. 따라서 정보의 불일치가 발생할 수 있고, 비합리적인 권리금 가액이 생성될 가능성 또한 높아집니다. 이러한 비합리적인 권리금이 생성되는 이유는 현재 임차인이 과도한 권리금을 주장하기 때문이기도 하지만, 과도한 권리금일수록 중개업소나 창업컨설팅업체들이 받는 권리금 수수료도 커지기 때문입니다.

대부분의 창업컨설팅업체들은 창업을 희망하는 의뢰인들이 지불하는 컨설팅 수수료와 권리금 작업을 통해 얻어지는 수익으로 운영되고 있습니다. 또 상가를 전문적으로 취급하는 중개업소들은 상가임대차계약을 통한 상가임대차 수수료와 권리금 수수료로 수익을 창출합니다. 그런데 임대차 수수료는 금액이 크지 않으므로, 권리금 작업을 통한 수익 창출에 더 열을 올립니다. 특히 중개업소들보다 수익 구조가 취약한 창업컨설팅업체들은 권리금 작업에 더 집중하는 편입니다.

이러한 배경에는 중개업소나 창업컨설팅업체에 근무하는 직원들의 불안정한 근무 여건이 한몫하고 있습니다. 이들 대부분은 매달 일정 급여를 받는 안정적인 고용체계가 아니라 계약을 성사시킬 때마다 수수료 중 일부를 받는 방식(수수료 급여 체계)으로 고용돼 있습니다. 당연히 이직이나 실직의 위험성도 큽니다. 성과에 따라 급여가 달라지는 근무 여건이 개선되지 않는 한 비합리적인 과도한 권리금은 사라지지 않을 것입니다.

 **권리금 작업 시 중개업자(창업컨설팅업체 포함)들은 현재 임차인과 신규 임차인 중 누구의 입장을 대변하는 것이 더 유리한가?**

신규 임차인 입장에서는 중개업자(창업컨설팅업체 포함)들이 창업을 준비하는 자신을 도와주길 바란다. 중개업자가 신규 임차인의 입장을 대변해서 좋은 상가를 찾아주고, 적정 권리금으로 협상해준다면 권리금 때문에 서로 얼굴을 붉힐 일도 없게 된다. 하지만 현실에는 여러 변수가 있고,

중개업자 입장에서 권리금 수수료는 생계와 직결되는 문제이므로 쉽게 말하기 어렵다.

물론 신규 임차인의 입장을 충분히 고려해서 최선을 다하는 중개업자들도 있다. 하지만 그보다는 금전적 이득을 도모할 목적으로 현재 임차인의 입장을 대변하는 경우가 더 많다. 수수료를 적게 받더라도 계약 거래를 성사시키는 게 관건이라면 신규 임차인을 대변하는 게 바람직하다. 반면 높은 수수료를 확보하고자 한다면 현재 임차인을 대변하는 게 유리하다.

사례

부동산 중개업소에서 일하던 곽민호 팀장이 나를 찾아왔다. 투자컨설팅 업무를 배워 보겠단다. 그로부터 1년 후 곽 팀장은 내게 사표를 내고 강남 S역 부근에 있는 ○○창업컨설팅업체로 자리를 옮겼다. 상가투자와 창업은 접근 방법이 다른 분야이므로, 나는 곽 팀장이 일을 더 배우고자 하는 열정으로 옮겨간 것으로 이해했다.

6개월쯤 뒤, 화곡동에서 돈가스 전문점을 운영하던 한 지인으로부터 전화가 걸려왔다.

"매출이 너무 떨어져서 가게를 접을 생각인데, 혹 가게를 인수할 사람이 있으면 소개 좀 시켜주세요. 임대차계약 기간은 아직 1년 정도 남았지만, 임대인이 양해해줘서 새 임차인만 나타나면 언제든지 가게를 넘겨줄 수 있습니다."

나는 곽 팀장에게 전화해 지인의 상황을 설명한 뒤 예비 창업자들 중에서 관심을 보이는 사람이 있으면 연결시켜 달라고 부탁했다. 그런데 곽 팀장은 의외의 답변을 했다.

"대표님, 그 동네는 권리금 작업이 잘 안 되는 지역입니다. 그냥 동네 중개업소에 맡기시죠. 저는 권리금 작업이 안 되면 일을 하지 않습니다."

나한테서 투자컨설팅 업무를 배웠고, 이제 창업컨설팅 업무를 배우기 위해 회사를 옮긴 줄로만 알았는데 실은 그렇지 않았나 보다.

21

권리금 시장만의
독특한 특성이 있나요?

네, 있습니다. 권리금을 하나의 시장으로 봤을 때 대략 다음과 같은 여섯 가지의 독특한 특성이 나타나게 됩니다.

첫째, 수급 조절이 원활치 않아서 가격의 정확한 가치를 산정하기가 어렵습니다. 따라서 '가격 왜곡' 현상이 발생합니다.

둘째, 시장의 국지성으로 인해 같은 지역, 같은 건물이라고 해도 업종, 규모, 인테리어, 입지, 층수 등에 따라 권리금 가액에 차이가 발생합니다.

셋째, 시장의 불완전성으로 인해 정보의 불일치가 생기고, 그 때문에 시장의 자유 조절 기능이 약해져 시장을 불완전하게 만듭니다.

넷째, 그동안 법적 제한이 거의 없었으므로 음성적으로 주고받는 것이 관행으로 되어 있습니다.

다섯째, 자금의 유용성 부분을 고려치 않을 수 없는데, 창업 또는 점포사업을 준비하는 경우 금전적 비용이 위험과 부담으로 다가와 수요자들의 시장 참여를 저조하게 하는 현상이 발생합니다.

여섯째, 권리금 거래가 비공개적으로 진행됨으로 인해 사적인 경향을 많이 가지고 있습니다.

이러한 권리금 시장의 여섯 가지 특성 때문에 권리금이 생성되고, 이전되고, 확대되고, 축소되는 모든 과정에서 이해관계자들 간의 다툼이 생겨나는 것입니다.

 **권리금 시장의 여섯 가지 특성으로 인해 권리금 가액이 비정상적으로 형성될 가능성이 커졌다는 말인가?**

그렇다. 권리금 시장의 특성으로 인해 적정한 권리금을 주고받기보다는 과도하게 책정된 권리금이 거래될 가능성이 커졌다고 본다.

그동안 왜곡되어 음성적으로 거래되는 권리금 문제를 정부는 왜 방치했던 걸까요?

상업용 부동산의 임대차 시장에서 '권리금'은 상당히 오랫동안 문젯거리였습니다. 임대인과 임차인, 기존 임차인과 신규 임차인 간에 의견 차이가 커서 아주 심각하게 대립돼 왔던 문제입니다.

사회적 이슈가 될 정도로 크고 작은 권리금 관련 분쟁이 발생해도 현행 제도는 이 문제를 법적으로 해결할 수 없었습니다. 단지, 당사자들 간에 이루어진 계약자유의 원칙에 근거하여 사적 다툼으로 해결돼 왔습니다. 더군다나 모든 상가에 권리금이 있는 것도 아니었고, 상권이 아주 좋은 특정 지역 상가의 문제였기에 정부가 적극적으로 나서기도 어려웠을 것입니다.

결국 권리금은 받을 수만 있다면 받아두면 좋겠네요?

　일반적으로 권리금계약은 임대차계약과는 별개의 계약 형태로 진행되고 있습니다. 지금까지는 권리금 작업을 할 때 대개 무자료로 진행했고, 권리금을 수수하는 임대인이나 임차인은 세무서에 소득신고를 하지 않아도 되었습니다. 왜냐하면 권리금은 임대차계약이 종료되었다고 해서 반환하는 금전이 아니었기 때문입니다.

　임대인이나 임차인 입장에서는 권리금을 받을 수만 있다면 일단 받고 보는 게 상책이었습니다.

24

권리금을 지불하고 들어온
현재 임차인이 나중에 신규 임차인에게
권리금을 받지 못하면 어떻게 되나요?

전 임차인에게 권리금을 지불한 현재 임차인이 신규 임차인으로부터 권리금을 지불받지 못한다면 분명 손실이 클 것입니다. 앞서 권리금 발생원인으로 몇 가지를 이야기했는데, 지금 이 질문 내용이 권리금 발생원인들 중 하나라고 보는 견해도 있습니다.

임차인이 임대인과 임대차계약을 맺으면서 전 임차인이나 임대인에게 권리금을 지불했을 경우, 당연히 임차인은 후임 임차인에게 권리금을 받아 자신이 지불했던 권리금을 보상받으려고 합니다. 전 임차인에게 지급한 권리금이 있다는 사실 자체가 권리금의 수수 요인이 되는 것입니다. 권리금 발생원인에 대한 가장 일반적인 견해입니다.

그러나 저의 견해는 다릅니다. 지역 권리금, 영업 권리금, 시설 권리금, 기타 권리금으로 분류되는 권리금의 성격을 고려했을 때, 현재 임차인이 이미 권리금을 지불했다고 해서 당연히 자신도 받아야 한다는 논리는 권리금이 지닌 원래 성질에 맞지 않다고 봅니다. 이에 현재 임차인의 보상 심리를 권리금 발생원인이라고 주장하시는 분들과는 다른 시선으로 이 문제를 접근하고자 합니다.

아무튼 권리금을 지불한 현재 임차인이 신규 임차인으로부터 권리금을 받을 수 없는 환경이 되면 다툼이 생기게 됩니다. 금전적 손실이 예상되는 상황에서 가만히 있진 않을 것이기 때문입니다. 그래서 현재 임차인이 이미 지불한 권리금을 최소한 보장해주자는 취지로 2015년 상가건물임대차보호법이 개정되었습니다.

25

권리금에 대한
접근 논리가 조금 다른데요?

네, 저는 좀 다른 각도에서 권리금을 바라보고 있습니다. 핵심은 권리금을 바라보는 시각을 달리하자는 것입니다.

권리금을 보는 기존의 시각은 현재 임차인의 관점이었습니다. 즉 현재 임차인이 전 임차인에게 지불한 권리금이 있고, 이 권리금은 영업 권리금, 지역 권리금, 시설 권리금으로 압축이 됩니다. 이 권리금을 어떻게든 보호해주고 인정해주어야 한다는 관점이 권리금을 보는 기존의 시각입니다.

2015년 개정된 상가건물임대차보호법도 현재 임차인을 보호하기 위해 만들어졌습니다. 하지만 저는 신규 임차인의 관점에서 권리금을 바라봐야 한다고 생각합니다. 현재 임차인은 권리금을 받고 가버리면 끝입니다. 그러면 그 현재 임차인의 자리는 신규 임차인의 차지가 됩니다. 따라서 권리금을 받고 떠나는 현재 임차인이 아니라 권리금을 지불해야 하는 신규 임차인의 관점에서 권리금 시장을 보고 판단해야 한다는 게 저의 논리입니다. 그런 관점에서 신규 임차인이 지불해야 하는 권리금이 합당한지, 적정한지, 혹시 잘못된 권리금을 지불하는 것은 아닌지 검토해야 합니다.

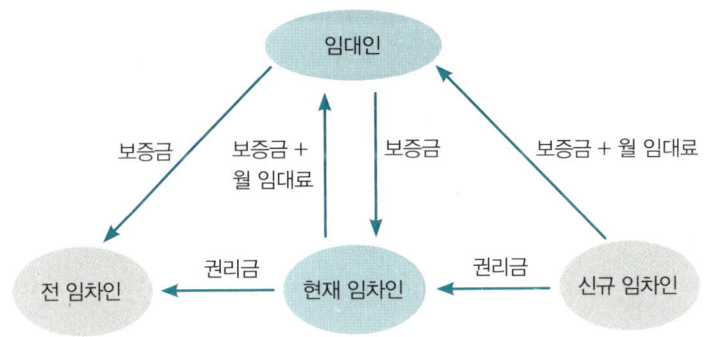

위 그림을 보면 권리금의 이동 과정이 잘 나타나 있습니다. 현재 임차인은 전 임차인에게는 권리금을, 임대인에게는 보증금과 월 임대료를 지불합니다. 임대인은 현재 임차인에게 보증금을 받아서 전 임차인에게 돌려준 다음 전 임차인과의 상가임대차계약을 종료합니다.

상가임대차계약 기간 동안 점포사업을 하던 현재 임차인이 권리금을 받기 위해서는 신규 임차인과 권리금계약을 맺어야 합니다.

이때 임대인은 신규 임차인과 새로이 상가임대차계약을 맺음과 동시에 현재 임차인과의 상가임대차계약을 종료합니다. 임대인이 신규 임차인에게서 받은 보증금은 현재 임차인에게 받았던 보증금을 반환하는 데 쓰입니다. 결국 임대인 입장에서는 보증금은 되돌려주는 용도일 뿐이고, 실수익은 월 임대료로 얻습니다.

자, 이제 권리금을 살펴봅시다. 신규 임차인 입장에서는 권리금이 합당한지, 즉 현재 임차인이 전 임차인에게 얼마의 권리금을 주었는지 알 수 없습니다. 예를 들어 1억 원을 전 임차인에게 지불한 현재 임차인이 신규 임차인에게 2억 원의 권리금을 요구할 수도 있습니다. 이 사실을 몰랐던 신규 임차인이 현재 임차인에게 2억 원의 권리금을 지불한다면, 현재 임차인은 1억 원의 권리금을 수익으로 가져가게 됩니다.

이러한 과정이 반복되면서 사회적 문제로까지 확대되고 있습니다. 권리금 분쟁의 근본적인 씨앗이 자라고 있는데도, 이를 막을 방법이 없습니다. 따라서 저는 현재 임차인의 시각이 아니라 새로이 권리금을 지불해야 하는 신규 임차인 입장에서 권리금을 바라봐야 한다는 견해를 갖고 있습니다.

점포사업보다 권리금 장사가 더 돈 되는 것은 아닌가?

점포사업에는 관심이 없고, 오로지 권리금 장사로만 돈을 버는 임차인들도 있다. 2년의 상가임대차계약을 맺고 점포사업을 시작했던 임차인이 얼마 지나지 않아 점포를 다시 내놓았다면 한 번 의심해 볼 만하다. 대개는 개인적인 급한 사정으로 점포를 인수할 신규 임차인을 구한다고 하지만, 열에 아홉은 권리금 장사가 목적인 얌체 임차인일 가능성이 크다. 그들은 "굳이 힘들게 장사해서 돈을 벌 필요가 있나? 권리금을 받고 넘기면 이렇게 쉽게 큰돈을 버는데…"라고 생각한다.

사례

내가 부동산 업계에 뛰어들었던 초반의 일이다. 당시 강남에 위치한 주상복합건물에서 상가를 분양대행하고 있을 때 최영길 사장을 만났다. 최 사장은 스포츠센터를 운영하겠다면서 지하 2층 상가를 임대했다. 임대계약 조건은 보증금 1억 5천만 원, 월 임대료 950만 원. 시장에 형성된 임대료 수준을 봤을 때 상당히 파격적인 가격이었다. 당시 주변 임대료 시세는 보증금 3억 원에 월 임대료 1600만 원 정도였다. 그러나 지하 2층이라는 특성상 분양이 쉽지 않을 거라 생각했던 최 사장은 시행사에 임대료 조건을 과감하게 낮출 것을 요구했고, 몇 차례의 협상 결과 위와 같은 금액으로 5년간 임대차계약을 맺게 되었다.

임대차계약서를 작성한 후 최 사장은 인테리어 작업을 하는 2개월 동안 스포츠센터 회원을 모집하기 시작했다. 최 사장이 채용한 스포츠센터 트레이너들이 열심히 영업한 결과 2개월 만에 약 300명에 달하는 연회원이 모였다. 한 명당 연회비는 99만 원, 단순히 계산해도 인테리어 비용은 충분히 되는 금액이었다.

그런데 최 사장은 웬일인지 스포츠센터가 문을 열자마자 중개업소에 급매물로 내놓았다. 당연히 시설 권리금과 영업 권리금(회원 프리미엄)을 받는 조건이었다. 나도 모르게 시행사의 동의까지 받은 상태였다. 참, 대단한 사람이었다.

26

권리금에 **거품**이 많다는 이야기가 있습니다.
실제로 그런 경우가 **많나요?**
너무 지나친 해석은 아닌가요?

한 예로, 2013년 3월 22일자 경향신문 기사를 들겠습니다. 기사를 정리하면 "홍대 앞 서교 365(일명 주차장길)에 위치한 300m 거리에 약 200여 개의 점포가 있는데, 이 점포들의 권리금을 모두 합하면 300억 원에 달한다. 1년도 못 가 문 닫는 점포들이 허다한 것으로 보아 권리금 형성에 거품이 많은 것으로 판단된다"는 내용입니다.

300m 거리면 양쪽으로 600m 거리입니다. 점포의 전면 넓이를 평균 4m로 가정하면 약 75개의 점포가 대로변 양쪽에 있는 것입니다. 나머지 50여 개는 이면도로의 점포이거나 대로변의 2층 또는 3층 점포일 것입니다. 산술적으로 계산하면, 한 점포당 평균

1억 5천만 원의 권리금이 있다는 이야기입니다. 하지만 이면도로의 점포나 2~3층 점포의 권리금은 1층 점포의 권리금보다 훨씬 적을 테니, 실제로는 그보다 권리금이 더 높은 점포도 있을 것입니다.

매장의 크기를 감안했을 때 1층 점포들의 권리금은 보통 2억~3억 원 수준으로 추측할 수 있습니다. 장사가 잘된다는 말만 듣고 높은 권리금을 주고 점포사업을 시작했을 텐데, 1년도 채 안 돼 문을 닫아야 하는 임차인의 심정이 과연 어떨까요? 이 경우 권리금의 가치가 과도하게 설정되었다고 판단할 수밖에 없습니다. 권리금을 받는 사람 입장에서는 좋겠지만, 주는 사람 입장에서는 엄청난 부담이 됩니다.

> '이면도로'란 좁은 골목이나 대로변 뒤쪽에 있는 작은 도로를 말한다. 보통 사람과 자동차가 다니는 길이 구분돼 있지 않으며, '생활도로'라고 부르기도 한다.

27

아주 초보적인 질문인데,
권리금은 모든 상가에서 다 발생하나요?

　권리금이 모든 상가에 다 있는 것은 아닙니다. 권리금이 형성되는 상가들은 주로 1층에 있습니다. 2층만 올라가도 권리금이 형성되지 않는 상가들이 많습니다. 물론 상권이 좋은 특정 지역에 가면 2층 아니라 3층, 4층에도 권리금이 발생합니다. 그러나 그런 특정 지역이 얼마나 되겠습니까?

　서울에 1천 개의 상가가 있다고 가정했을 때 이중 권리금이 발생하는 상가는 몇 개나 될까요? 500개? 그보다 훨씬 적을 것입니다. 권리금이 있는 상가와 없는 상가를 비교해보면, 권리금이 없는 상가가 훨씬 더 많습니다. 한 번 더 이야기하자면, 1층 상가들, 그리고 2층 전면의 상가들과 3층 전면의 일부 상가들이 권리금을 주고받는 대상이 됩니다.

　따라서 권리금 문제를 마치 모든 상가들의 문제처럼 다루어서는 안 됩니다. 이러면 권리금 시장을 정확히 파악하기 어렵습니다. 권리금이 사회적 논쟁거리이기는 하나, 대부분의 상가들은 상가임대차계약에 의해 권리금 문제를 자연스럽게 해결하고 있습니다.

28

권리금이 없는 상가들은
어떤 상가들인가요?

권리금이 없는 상가는 다음과 같은 경우입니다.

첫째, 신규 분양상가들입니다. 신축 건물이기 때문에 임차인들끼리 권리금을 주고받을 수 없습니다. 임대인과 임차인이 맺는 최초의 상가임대차계약이 됩니다. 간혹 임대인이 지역 권리금을 받기도 하지만, 이 또한 일반적인 경우가 아니라서 권리금이 없는 상가라고 할 수 있습니다.

둘째, 상가임대차계약이 종료된 상가들입니다. 앞서 권리금계약은 상가임대차계약에 부종하는 계약이라고 이야기했습니다. 상가임대차계약이 종료된 상가의 임차인은 뭔가를 임대인에게 주장할 수 있는 근거가 없습니다. 당연히 신규 임차인에게 권리금을 요구할 수도 없습니다.

셋째, 상가임대차계약 기간이 아직 남아 있어 임차인은 전임대 및 전대차를 원하나, 임대인이 이를 동의해주지 않은 상가들입니다. 임대인의 동의가 없으므로 권리금계약을 맺을 수 없습니다.

넷째, 입지가 좋지 않은 상가들입니다. 상권이 안 좋으므로 권리금을 주고 오겠다는 신규 임차인들이 적습니다. 반면 임차인을 구하는 상가들은 많겠지요. 수요보다 공급이 많으므로 권리금이 형성되지 않습니다. 건물 상층부에 있는 상가, 후면 상가, 이면도로의 상가들이 이 경우에 해당됩니다.

다섯째, 공실인 상가들입니다. 비워 있는 상가에 들어가면서 권리금을 주는 임차인은 없습니다. 아마 신규 임차인이 상가임대차계약을 하자고 하면 임대인은 고마워할 것입니다.

여섯째, 임차인이 더 이상 점포사업을 운영할 수 없는 상가들입니다. 즉 현재 임차인이 점포사업을 지속할 수 없을 정도로 경영이 힘들어진 경우입니다. 한마디로 문 닫은 상가들입니다.

29

'비정상적인 권리금'이란 무엇인가요?

　권리금 시장에서, 금전적 이득을 취하려는 이해관계자들의 행위가 과도한 권리금의 발생원인으로 작용할 가능성이 있습니다. 권리금 거래는 이해관계자들의 상황에 따라 발생하게 됩니다.

　보통 권리금은 상가임대차계약을 통해 생성·이전·확대·축소되어 가는데, 여기에 금전적 이득을 도모하는 이해관계자들이 개입하면 과도한 권리금이 나타날 수 있는 환경이 만들어집니다. 즉 과도한 권리금은 정상적인 권리금 거래라고 할 수 없습니다.

　권리금 문제가 사람들 입에 자꾸 오르내리는 근본적인 이유를 들여다보면, 늘 과도한 권리금이 한 자리를 차지하고 있습니다. 이 같은 과도한 권리금을 '비정상적인 권리금'이라고 합니다.

'비정상적인 권리금'이라고 할 수 있는 기준이 있나요?

권리금을 산정하는 일은 주관적이어서, 숫자로 정확히 표현하기는 어렵습니다. 일단 권리금은 임대차계약서상에 명시돼 있지 않으며, 일반적으로 보증금보다 고액인 경우가 많습니다.

부동산정보업체의 도움을 받아 제가 서울 지역에서 권리금이 발생하는 상가들의 자료를 조사한 바에 따르면, 권리금의 40~60% 수준에서 보증금이 형성되는 것으로 나타났습니다. 이 결과를 바탕으로 저는 상가임대차의 목적이 점포사업을 통한 사업 수익보다는 권리금 수수를 통한 비영업적 이득을 도모하는 것이라고 확신했습니다. 현실에서는 이 같은 점포사업자들이 빈번하게 발생하고 있기 때문입니다.

권리금은 점포사업 당사자인 임차인에게는 투자금의 성격을 지닙니다. 회수 가능성이 보장된 돈이 아니기 때문입니다. 상가임대차계약 종료 시점에 회수할 수도 있지만, 그렇지 못할 가능성도 있습니다. 따라서 임차인은 임대차계약 기간 동안 자신이 투자한 권리금을 사업 수익으로 회수할 수 있다는 자신감과 합리적인 사업계획이 수립되었을 때 창업을 시도해야 합니다.

그러나 대부분의 점포사업자들은 그렇게 하지 않습니다. 점포사업을 종료하는 시점이 되면 자신이 지불한 권리금 이상을 후임 임차인으로부터 받을 수 있다고 막연히 생각합니다. 점포사업으로 손해 본 돈을 권리금으로 메울 수 있다고도 생각합니다.

상황이 이러하니 권리금의 본질적인 경제적 가치를 평가해 점포권리금을 산정하는 일은 거의 이루어지지 않고 있습니다. 대부분은 사업 손실금의 보상 차원에서 혹은 수익 창출을 하려는 마음에서 권리금을 최대한 많이 받으려고 하는 것이지요. 이렇게 형성된 권리금은 거의 모두 '비정상적인 권리금'이라고 할 수 있습니다.

장사가 안 되는 점포는 영업 권리금을 주장할 수 없을 것 같습니다. 권리금을 산정할 때, 유형별로 따로 산정하나요?

　권리금을 주고받을 때는 각각의 권리금으로 나눠서 금액을 정하는 것이 맞습니다. 예를 들어 영업 권리금 3천만 원, 시설 권리금 2천만 원, 지역 권리금 3천만 원, 총 권리금 8천만 원으로 정하는 방식입니다.

　하지만 실제로는 권리금을 이런 식으로 산정하지는 않습니다. 그냥 권리금이란 명목으로 8천만 원을 신규 임차인이 현재 임차인에게 건네줍니다. 이때, 주는 사람은 적정한 가격인지, 행여 안 줘도 될 돈을 준 것은 아닌지 불안할 수밖에 없습니다.

　더군다나 직접 만나 가격을 협상하는 것이 아니라 중개업자들이 끼여 있으니 그런 마음이 더 들게 됩니다.

권리금 협상에 참여한 중개업자의 수수료는 얼마나 될까?

권리금 수수료란 권리금을 받은 현재 임차인이 중개업자에게 주는 돈을 말한다. 이 수수료는 통상 두 가지 방법으로 정해진다.

첫째, 권리금 가액의 일정 비율을 수수료로 책정하는 방법이다. 실무에서는 통상적으로 권리금의 10% 정도를 수수료로 책정하나, 간혹 그 이상으로 책정하기도 한다.

둘째, 현재 임차인과 중개업자(창업컨설팅업체 포함)가 합의한 권리금보다 더 많이 받을 경우, 그 차액을 모두 수수료로 책정하는 방식이다. 즉 현재 임차인이 원하는 권리금이 1억 원인데, 중개업자가 협상에 나서 신규 임차인으로부터 1억 5천만 원을 받았다면, 차액 5천만 원이 중개업자의 몫이 되는 것이다. 일반적으로 권리금을 지불하는 신규 임차인은 현재 임차인과 중개업자가 합의한 가액을 전혀 알 수가 없다. 당연히 중개업자가 가져가는 수수료가 얼마인지도 모른다. 실무에서는 이 방법을 '인정작업'이라는 용어로 부른다.

또한 처음부터 임차인이 권리금을 염두에 두고 점포사업을 하는 경우도 있다. 권리금 자체가 점포사업의 주목적인 것이다. 이렇듯 권리금 수수료를 받고자 하는 모든 행위 및 권리금으로 수익을 확보하는 임차인들의 행위를 실무에서는 '권리금 장사'라고 한다. 염불에는 마음이 없고 잿밥에만 마음이 있는 사람들 때문에 정상적인 권리금 수수까지 욕을 먹는 것 같아 안타깝다.

> **이런 것도 궁금해요!**
>
> ● 상습적인 권리금 장사? ●
>
> 인천 지역의 한 약사가 동일 지역의 약사들을 상대로 약국을 옮겨 다니며 권리금 장사를 하고 있다는 기사가 화제가 된 적이 있다. 해당 약사는 2년여 간 인천 지역에서만 8개 약국을 개설했다가 폐업한데다 약국당 운영 기간도 채 3개월이 안 되었다고 한다. 그는 대부분 같은 건물이나 바로 옆 건물의 병의원 처방전이 같은 건물, 또는 바로 옆 건물 약국 한 곳으로 유입되고 있는 곳에서만 약국을 내는 방법을 되풀이함으로써 여러 명의 약사들에게 심각한 피해를 입혔다.
>
> 이 경우는 약국이라는 점포사업 자체에는 전혀 관심이 없는, 전형적인 권리금 작업을 하고 있는 임차인이라고 할 수 있다. 약국뿐 아니라 다른 업종에서도 이런 경우는 흔하게 발생한다. 개업한 지 얼마 안 돼 새로운 임차인에게 점포를 넘기는 경우, 대부분은 권리금으로 돈을 벌고자 하는 임차인으로 봐도 무방할 것이다. 이때 권리금을 주고 상가임대차계약을 승계한 신규 임차인은 금전적 위험에 노출될 가능성이 상당히 높으므로, 주의를 기울여야 한다.

현재 임차인이라고 다 권리금 장사로
돈 버는 것은 아니라고 봅니다.
권리금 장사로 돈 버는 사람은
결국 중개업자 아닌가요?

그렇다고 볼 수 있습니다. 아래 표와 같이 권리금 이해관계자들로 확대 해석하면 좀 더 쉽게 이해할 수 있습니다.

	수익 명목	비용 명목
임대인	지역 권리금	없음
현재 임차인	신규 임차인에게 받을 권리금	없음 또는 이미 지급한 권리금
신규 임차인	없음	현재 임차인에게 지급할 권리금
중개업자	권리금 수수료	없음

앞에서 임대인도 권리금을 받을 수 있다고 했습니다. 임대인이

얻는 금전적 이득은 '지역 권리금(바닥 권리금)'에서 비롯합니다. 비록 상가를 매입하는 데 투자금(매매가격)이 들어갔지만, 이 때문에 지역 권리금이 형성됐다고는 볼 수 없습니다. 따라서 임대인이 권리금을 받기 위해 별도의 비용을 지출했다고는 보기 어렵습니다.

현재 임차인의 입장에서는 신규 임차인으로부터 받는 권리금이 수익이 될 것입니다. 전 임차인에게 지불한 권리금의 유무(有無)에 따라 비용 역시 있거나 없을 수 있습니다. 신규 임차인의 입장에서는 현재 임차인에게 지불한 권리금만 있을 뿐 아직 수익은 없습니다. 권리금 수익을 얻으려면 상가임대차계약이 종료되는 미래 시점이 되어야 합니다. 하지만 권리금을 꼭 받는다는 보장은 없으므로, 수익 여부는 불확실합니다.

이제 중개업자(창업컨설팅업자 포함)의 입장을 살펴보겠습니다. 권리금계약을 진행하는 중개업자는 계약이 체결되면 권리금 수수료 명목으로 수익을 가져갑니다. 이때 직접적인 비용 지출은 없습니다. 결국 아무것도 지출하지 않고 수익만 챙겨가는 이해관계자는 임대인과 중개업자뿐입니다.

그런데 임대인이 받을 수 있는 권리금은 지역 권리금뿐이므로, 특정 지역의 극소수 임대인만 누릴 수 있는 금전적 혜택입니다. 반면 중개업자는 권리금 거래가 있는 곳에선 늘 수익을 가져갈 수 있습니다. 따라서 권리금 장사로 늘 돈 버는 사람은 중개업자라는 논리가 성립합니다.

권리금도 경기의 영향을 받나요?
경기의 좋고 나쁨에 따라
권리금이 높게 책정될 수 있고,
낮게 책정될 수도 있을 것 같은데요.

당연히 경기의 영향을 받습니다. 권리금의 주된 당사자가 현재 임차인과 신규 임차인이라는 입장에서 보면, 시장 경기가 호황일 때와 불황일 때 각각 권리금 규모가 달라질 수 있습니다. 즉 경기가 좋을 때는 점포를 이전하거나 새로 점포사업을 시작하는 창업자들이 많아집니다. 점포는 한정돼 있으니 권리금을 더 주고서라도 서로 임대하겠다고 할 가능성이 높습니다. 신규 임차인을 수요, 점포를 공급이라고 보면, 이 경우 공급보다 수요가 큰 상가임대차 시장이 형성됩니다.

이 말은 곧 경기가 호황이면 신규 임차인이 현재 임차인보다 많다는 의미입니다. 반대로 경기가 불황이면 신규 임차인이 현재 임차인보다 적어집니다. 아래 표를 보시면 임차인들 간에 주고받는 권리금의 크기를 비교할 수 있으며, 권리금이 순차적으로 차기 임차인에게 연결되는 순환구조를 이해할 수 있습니다.

	경기 불황 → 경기 호황	경기 호황 → 경기 불황
현재 임차인	지출 권리금 < 받을 권리금	지출 권리금 > 받을 권리금
신규 임차인	고가의 권리금 지불	저가의 권리금 지불
중개업자	고가의 권리금 수수료	저가의 권리금 수수료

그렇다면 경기가 불황일 때 시작한 점포사업을 경기가 호황일 때 내놓는다면, 현재 임차인이 받을 수 있는 권리금에 변화가 있을까요? 당연히 있습니다. 현재 임차인은 불황일 때 지불한 금액보다 더 많은 금액을 권리금으로 확보할 수 있습니다. 중개업자 역시 더 큰 수수료를 가져가게 됩니다. 반면 신규 임차인은 고액의 권리금을 지불하게 됩니다.

한편, 경기가 호황일 때 점포사업을 시작한 임차인은 경기가 나빠지면 이와는 반대의 결과를 얻습니다. 이미 지불한 금액보다 훨씬 적은 권리금을 받을 수밖에 없으니, 그 차액만큼 손실이 생깁니다.

결론적으로 권리금을 주고받는 관계에서는 신규 임차인의 위치가 불리합니다. 물론 이렇게 질문하실 수도 있습니다. 경기가 안 좋을 때 권리금을 적게 지불한 신규 임차인이 경기가 좋아져 고가의 권리금을 받는다면, 이는 신규 임차인에게 유리한 상황이 아니냐고요? 그러나 이 경우엔 신규 임차인이 아닌 현재 임차인이라고 보는 게 맞습니다. 이미 입장이 바뀌었기 때문입니다. 권리금을 받는 쪽은 항상 현재 임차인입니다.

여기서 주목할 점은 중개업자의 수익입니다. 권리금 장사를 한 중개업자들은 경기가 불황이든 호황이든 상관없이 수익을 가져갑니다. 경기 변동과는 관계없고, 오로지 권리금 액수에만 영향을 받습니다. 따라서 권리금을 주고받는 관행에서 늘 금전적 이득을 보는 이해관계자는 중개업자임을 알 수 있습니다

권리금 수수료를 법적으로 제한할 수 없을까?

중개업자들이 과도한 권리금 수수료를 노리고 적정 가격보다 높여서 권리금을 거래하는 일이 빈번히 발생한다면, 이 피해는 고스란히 신규 임차인에게 간다. 이를 개선하지 않는다면 상가임대차 시장에 대한 불신감은 점점 더 커질 것이다.

그러나 "영업용 건물의 영업시설·비품 등 유형물이나 거래처, 신용, 영업상의 노하우 또는 점포 위치에 따른 영업상의 이점 등 무형의 재산적 가치는 중개대상물이라고 할 수 없으므로, 그러한 유·무형의 재산적 가치의 양도에 대하여 이른바 '권리금' 등을 수수하도록 중개한 것은 중개행위에 해당하지 아니한다 할 것이고, 따라서 중개수수료의 한도액 역시

이러한 거래대상의 중개 행위에는 적용되지 아니한다"[16]라는 판례가 있다. 따라서 권리금은 부동산에 해당되지 않으므로 중개에 따른 수수료 제한 적용을 받지 않는다는 입장이다. 아직 권리금 수수료에 대한 규정은 따로 없다.

---

[16] 대법원 2006년 9월 22일 선고 2005도6054 판결

34

현재 임차인이 **권리금을** 달라고 요구하면, 신규 임차인은 **꼭 줘야만 하나요?**

권리금을 주기 싫으면 안 줘도 됩니다. 그 대신 권리금이 없는 다른 점포를 알아봐야 합니다.

대부분의 임차인들은 점포를 상가임대차계약 기간이 끝나기 전에 중개업소에 매물로 내놓습니다. 이때 얼마의 권리금을 받아달라고 중개업자에게 요구합니다. 현재 임차인 입장에서는 권리금을 마다할 까닭이 없습니다. 오히려 더 많이 받으려 하겠지요.

신규 임차인들은 점포 권리금이 아예 없거나, 적으면 좋을 것입니다. 하지만 사람 심리란 게 참 묘합니다. 마음에 드는 점포를 보는 순간 권리금을 주고서라도 꼭 잡고 싶어집니다. 경쟁자가 있다고 하면 마음은 더 급해지고, 현재 임차인이 달라는 권리금을 안

줄 수가 없습니다.

  더군다나 "망설이다가는 다른 사람한테 점포를 빼앗깁니다"라는 중개업자의 감언이설이 더해지면, '권리금을 안 주고 싶다'는 신규 임차인의 처음 생각은 온데간데없이 사라지게 됩니다.

신규 임차인이
권리금 액수를 책정할 수는 없나요?

　신규 임차인이 권리금을 책정하는 일은 쉽지 않습니다. 사람들은 누구나 자신의 이익을 위해 최선을 다합니다. 권리금의 이해관계자인 현재 임차인과 신규 임차인 역시 자신들의 이익을 위해 행동합니다.

　만일 권리금을 책정하는 과정에서 모든 정보가 완벽하게 주어진다면, 합리적으로 가격을 책정할 수 있습니다. 하지만 실무에서는 불필요·불완전한 정보들이 주어지므로 권리금 가격을 합리적으로 책정하기란 불가능합니다. 여기에서 불확실성이라는 위험을 떠안게 됩니다. 권리금계약의 주된 당사자인 현재 임차인과 신규 임차인은 이러한 위험을 안고 권리금 거래를 하는 것입니다.

특히 권리금을 협상하는 과정에서 현재 임차인과 신규 임차인은 서로 확인할 수 없는 정보를 가지고 있으며, 이 때문에 주로 권리금을 지불해야 하는 신규 임차인에게 불리하게 작용하는 경우가 많습니다. 따라서 당사자 모두에게 충분한 정보가 주어진다면 합리적인 선택 과정을 통해 양쪽 모두에게 최선이 되는 결과를 얻을 테지만, 현실적으로는 불확실한 정보로 인해 대부분의 신규 임차인은 불확실한 상황에 직면하게 됩니다.

특정 지역에서 점포사업을 하고 있는 현재 임차인은 그 지역의 영업 정보, 상권 정보, 임대 정보 등을 신규 임차인에 비해 월등하게 많이 가지고 있을 뿐만 아니라 자신의 점포사업 현황에 대해 거의 완전한 정보를 가지고 있습니다. 그에 반해 신규 임차인은 이러한 임대차 관련 정보를 중개업자나 창업컨설팅업체를 통해 습득하게 됩니다. 현재 임차인과 접촉하려 해도 이들의 중개가 없으면 거의 불가능합니다. 신규 임차인이 아무리 합리적인 선택을 하고자 해도 불확실성의 늪에서 헤어 나올 수 없습니다.

이는 현재 임차인과 중개업자가 서로 협의해 과도한 권리금을 요구하더라도 그에 대한 정확한 정보가 없으므로 신규 임차인은 그 권리금을 지불할 가능성이 높다는 의미입니다. 물론 현재 임차인도 어느 정도의 불확실성은 가지고 있습니다. 신규 임차인이 상가임대차계약을 어떻게 진행할지에 따라 권리금의 수령 여부가 정해지기 때문입니다. 그럼에도 불구하고 신규 임차인보다는 유리한 위치임은 분명합니다.

36

현재 임차인도 불확실성을 가지는 이유는 무엇 때문인가요?

만일 신규 임차인과의 임대차계약이 원활히 진행되지 않는 상태에서 현재 임차인이 임대인과 맺은 상가임대차계약이 종료된다면, 현재 임차인은 권리금 자체를 받을 수 없는 상황에 직면합니다. 현재 임차인에게는 정말 최악의 상황이라고 할 수 있습니다. 권리금계약을 맺기 위해서는 상가임대차계약이 종료되기 전이어야 하기 때문입니다.

현재 임차인은 자신의 상가임대차계약이 종료되기 전에 신규 임차인과 권리금계약을 체결해야 하는 입장입니다. 따라서 현재 임차인은 상가임대차계약 기간이 종료되는 시점이 다가올수록 중개업자들을 통해 신규 임차인의 정보를 더 얻고자 합니다. 이러한 정보가 없는 현재 임차인도 불확실성에 직면하게 되는 것이지요.

권리금을 못 받을 수도 있다는 불안감에 현재 임차인은 중개업자를 더 믿고 의지하게 됩니다. 중개업자의 역할이 중요해지면서 권리금 수수료를 더 많이 요구하는 일도 생기는데, 현재 임차인이 먼저 나서서 "권리금만 받게 해준다면 수수료는 얼마든지 드릴게요"라고 제안하기도 합니다.

37

**중개업자는
상가임대차계약을 통한 중개수수료,
권리금계약을 통한 수수료,
이 두 가지 수수료를 다 받게 되나요?**

꼭 그렇지는 않습니다. 원칙적으로 두 가지 명분의 수수료를 다 취득할 수는 있습니다. 원래 부동산 중개업자의 사업 수익은 매매 또는 임대 계약에 따른 수수료에서 발생합니다. 수수료가 발생하지 않는 계약이라면 애초 참여하지도 않을 것입니다. 수수료도 못 받는 계약을 성사시키기 위해 발로 뛰는 중개업자는 없을 테니 말입니다.

그런데 권리금계약을 전문으로 하는 중개업자들은 상가임대차계약을 통해 임차인으로부터 받을 수 있는 중개수수료는 포기하기도 합니다. 받고자 한다면 충분히 받을 수 있지만, 상대적으로 액수가 더 큰 권리금 수수료를 받기 위해 기꺼이 포기하기도 합니다.

즉 임차인에게 "권리금계약이 성사되면 상가임대차계약 중개수수료는 안 받겠습니다"라고 하면서, 권리금계약서에 사인하게 만듭니다.

특히 예비 창업자들에게 사업 관련 정보를 제공하는 창업컨설팅 업체들은 권리금 수수료가 주 수입원인 경우가 많습니다. 예비 창업자가 곧 신규 임차인이기에 가능한 이야기입니다. 이 업체들은 주로 권리금 작업을 통해 수익을 얻습니다. 따라서 권리금이 발생하지 않는 점포들은 애초 그들의 창업컨설팅 대상 목록에 올라가기도 어렵습니다.

권리금 작업도 일종의 투기인가?

금전적 이득을 투기적 요인으로 볼 수도 있다. 좀 더 정확한 설명을 위해서는 '투기'가 어떤 의미인지부터 살펴봐야 한다. 투기의 단어적 정의는 '시세 변동을 예측하여 그 차익을 얻기 위해 거래하는 행위'라고 할 수 있다. 따라서 투기라고 말하려면 자산을 현재 시점에 지불하는 행위가 포함돼 있어야 한다.

그러나 권리금 이해관계자들을 살펴보면, 시세 변동에 따른 차익을 얻기 위해 현재의 자산을 지불하는 행위가 포함돼 있지 않은 경우가 많다. 따라서 투기적 요인과 금전적 이득에는 차이가 있음을 알 수 있다.

또한 부동산학의 관점에서는 투기를 "취득, 보유, 양도의 과정에서 '보유'라는 관점 없이 '취득'과 '양도'를 통해 단기간에 시세 차익을 보고자 하는 것"이라고 정의한다. 따라서 시세 차익을 위한 취득의 과정이 전제되어야 투기적 요인으로 해석할 수 있는 것이다. 그러나 권리금 이해관계에서는 취득의 과정 없이 권리금 거래가 형성되는 경우가 많으므로, 부동산학에서 이야기하는 투기의 관점과도 차이가 있다.

4장

임대차계약과 권리금계약 바로 알기

38

지역 상권을 살려놓은
임차인의 계약 연장 요구를 거절하고
임대인이 직접 장사를 하겠다고 하면,
임차인은 아무 보상도 못 받고
그냥 나가야 하나요?

부동산 투자에서 가장 중요한 요소는 입지입니다. 입지의 차이로 인해 가격(가치) 차이가 발생하므로, 부동산을 매입할 때 입지부터 살펴보는 것은 당연합니다.

임대 수익을 고려해 상가를 매입한 임대인은 입지가 좋은 상가를 확보하고자 시간을 내 발품을 팝니다. 다른 입지에 자리 잡은 상가의 임대인보다 시간적·금전적 비용을 더 들였을 수도 있습니다. 이러한 이유로 양호한 입지에 자연스럽게 형성되는 무형의 가치인 지역 권리금은 임차인이 아닌 임대인에게 귀속됩니다.

간혹 임차인들이 점포사업을 성공적으로 운영했기 때문에 특정 지역의 상가에 대한 무형의 가치가 증진된 것으로 해석하여, 임대인들이 임차인들에게 적절한 보상을 해줘야 한다는 주장이 있습니다. 반대의 경우라면 어떨까요? 즉 상권이 좋은 지역이었는데 임차인들이 운영을 잘 못해 상가의 가치가 하락되었다면, 임차인들이 임대인들에게 그 손해를 배상해줘야 할까요?

예를 들어 설명해보겠습니다. 신사역 주변에 '가로수길'이라는 지역이 있습니다. 강남 상권 중에서도 손꼽히는 좋은 상권입니다. 예전엔 사람들의 발길이 뜸했던 상권이었는데, 지금은 임차인들의 노력으로 상권이 활성화되어 임대료도 많이 올랐습니다. 앞의 논리를 적용하면, 이게 다 임차인들 덕분이므로 임대인들이 적절히 보상해줘야 한다는 이야기가 됩니다.

이제 예전에 강남 지역에서 최고로 인정받았던 압구정역 주변 상권으로 가봅시다. 이 지역은 가로수길 상권이 뜨면서 많이 쇠퇴했습니다. 그렇다면 이곳 임차인들은 상권을 쇠퇴시키는 데 일조했으므로 임대인들에게 손해배상을 해줘야 하지 않을까요? 앞의 논리가 옳다면 이 같은 주장도 가능합니다.

이렇게 각자의 입장에 따라 상반된 결과가 나타날 수 있습니다. 이에 대한 상호간의 부담을 회피하기 위해 임대차계약서를 작성할 때 합의한 금전이 '보증금'과 '월 임대료'입니다. 즉 지역의 상권이 좋아질지라도 계약 기간이 있으므로 그 기간 동안의 기대수익은 임차인이 가지고 가는 것이며, 상권이 안 좋아지는 경우에는 반대로 임대인이 감수해야 하는 것입니다.

좀 더 쉽게 설명드리겠습니다. 상권이 좋아지면 임대인은 임대료를 올려야 하나, 계약 기간 때문에 올릴 수가 없습니다. 따라서 그 기간 동안에는 낮은 임대료를 지불하는 임차인이 수익을 더 가져갑니다. 반대의 경우엔 임대인이 수익을 더 가져가게 됩니다.

만일 상권이 좋아져 임대인이 임차인을 내보내고 직접 점포사업을 하려는 경우는 어떨까요? 월 임대료를 받는 것보다 임차인이 운영하던 업종으로 직접 점포사업을 하는 게 더 이익이라고 생각할 수 있을 것입니다. 잘 차려진 밥상에 숟가락을 얹겠다는 속셈인데, 두말할 것도 없이 악의적인 임대인이라 할 수 있습니다.

2015년 개정된 상가건물임대차보호법은 선의의 임차인이 악의적인 임대인에 맞서 보상을 받을 수 있는 법적 토대를 마련해놓았습니다. 아직까지 임차인들의 입장에서는 많이 부족하지만 일단 법적으로 보상받을 수 있는 길이 열렸다는 데 의의가 있습니다.

입지가 좋은 상가는 임대료가 월등히 높습니다. 높은 임대료에 이미 지역 권리금이 반영돼 있는 것 아닌가요?

그렇게 생각할 수도 있지만, 이는 상업용 부동산 시장을 제대로 이해하지 못해서 생긴 오해입니다. 물론 입지가 좋은 상가를 소유한 임대인은 높은 임대료를 받습니다. 이를 근거로 사람들은 임차인의 노력으로 발생한 무형의 가치를 임대인이 월 임대료로 보상받는다고 생각합니다. 따라서 지역 권리금은 장사를 잘해 상가의 가치를 높인 임차인에게 돌아가야 한다고 주장합니다.

그러나 지역 권리금은 입지가 양호한 1층 상가들에서 형성되고, 극히 일부에 불과합니다. 상대적으로 1층 상가들은 평당 거래 가격이 높습니다. 같은 건물일 경우 1층 상가의 평당 가격을 100%라고 하면 2층은 보통 40~60% 정도에서 가격대가 형성돼 있습니다. 따라서 1층 상가를 가진 임대인이 높은 임대료를 받더라도 상가 구입에 들어간 비용을 생각하면 큰 수익을 얻었다고 할 수 없습니다. 상가투자(매입) 가격 대비 임대수익률을 검토해보면, 높은 가격에 매입한 1층 상가와 그보다 저렴하게 매입한 상층부 상가의 임대수익률이 별 차이가 없거나 오히려 1층 상가의 임대수익률이 1~2% 정도 낮게 형성돼 있는 것이 현재 상가투자 시장의 모습이기 때문입니다.

따라서 높은 임대료가 곧 높은 임대수익률로 이어지는 것은 아니므로, 임대인이 높은 임대료를 받음으로써 보상받았다고 주장하기는 어렵습니다. 신규 임차인의 영업으로 지역 부동산의 가치가 증진되었으므로 지역 권리금을 주장할 수 있다는 논리 역시 반론의 여지가 있습니다.

> 상가 임대수익률은 대출 없이 상가를 매입했을 경우와 대출을 끼고 상가를 매입했을 경우로 나눠볼 수 있다.
>
> - 대출 없이 상가를 매입한 경우의 임대수익률
>   = {(월 임대료×12)÷(상가 매입 가격−보증금)}×100
> - 대출을 끼고 상가를 매입한 경우의 임대수익률
>   = {{(월 임대료×12)−은행이자}÷(상가 매입 가격−보증금−대출금)}×100

예를 들어 1억 원에 매입한 상가를 보증금 1천만 원에 월 50만 원을 받고 임대했을 경우 임대수익률은 6.7%다.
- {(50만 원×12)÷(1억 원−1천만 원)}×100=6.7%

이때 연 3%의 이율로 5천만 원을 대출받았다면 임대수익률은 11.25%다.
- [{(50만 원×12)−150만 원}÷(1억 원−1천만 원−5천만 원)]×100=11.25%

즉, 대출을 받았다면 임대수익률은 더 높아진다.

그렇다면 임대수익률이 다소 떨어지는 1층 상가가 투자자(임대인)의 관심을 끄는 이유는 뭘까요? 상가투자의 관점에서 보면, 일반적인 상가투자 시 1층 상가가 인기 있는 이유는 다른 층에 비해 공실의 가능성이 적고, 환금성 면에서 더 유리하기 때문입니다.

40

임대인이 받는 지역 권리금과 월 임대료는 전혀 상관없나요?

임대인과 임차인이 서로 협의해 임대차계약서를 맺을 때 보증금과 별도로 권리금을 수수한다면, 이 권리금의 성격을 어떻게 해석해야 하는지에 대해 의문을 가진 분들이 많습니다.

건물을 임대차할 때의 보증금이란, 임대차계약에서 발생하는 임차인의 모든 채무를 담보하기 위해 임차인 또는 제3자가 임대인에게 지불하는 금전을 의미합니다. 즉 임대차계약의 종료 시점에 임차인이 임대인에게 월 임대료를 지불하지 않는 등의 채무불이행이 있을 경우, 임대인은 보증금에서 체불 금액을 제한 후 그 잔액을 임차인에게 반환합니다. 보증금은 임대차계약 기간 동안 발생할 수 있는 위험으로부터 임대인을 보호해주는 성격도 있지만, 월 임대료를 줄여 임차인의 부담을 덜어주는 성격도 함께 있습니다.

한편, 권리금은 대개 장소적 이익 또는 사용권의 이익으로 지급되는 것이므로, 반환청구 소송을 하지 못한다는 것이 판례에 근거한 해석입니다. 보증금은 임대차계약 기간이 종료될 때 임차인에게 반환해야 할 금전이고, 권리금은 반환하지 않아도 되는 금전이라고 한다면, 임대인이 받는 지역 권리금은 월 임대료의 성격을 지녔다고 보는 게 맞다고 생각합니다. 즉 임대인이 매월 받아야 할 임대료에서 일정 부분을 떼어낸 금액을 임차인으로부터 일시불로 받는 금전의 성격이 지역 권리금이라고 봅니다.

다른 해석도 있습니다. 임대인이 받는 권리금을 '계약임대료'와 '시장임대료'의 차액으로 보는 것입니다. 월 임대료는 소득세 신고 대상에 포함되기 때문에, 임대인은 세금을 덜 내기 위해 상가임대차계약을 맺을 때 시장임대료보다 낮은 계약임대료를 적용합니다. 그리고 그 차액을 '지역 권리금'이라는 명목으로 일시불로 받습니다. 즉 소득(월 임대료 또는 보증금)에 따른 세금을 줄이기 위한 편법으로 권리금이 관행적으로 이용돼 왔다는 해석입니다. 이 경우는 명백한 탈세 행위입니다.

41

노후화된 시설물도 권리금을 주고 인수해야 하나요?

신규 임차인이 새로 시설물을 설치해야 한다면 굳이 시설 권리금을 줄 이유가 없을 듯합니다. 시설 권리금을 어떻게 해석해야 하나요?

실무에서는 주로 시설 권리금이라는 명목으로 임차인들끼리 권리금을 주고받습니다. 한번 곰곰이 생각해봅시다. 점포사업에 필요한 시설물, 즉 점포의 내·외부에 설치된 시설물이나 편의시설 등은 시설 권리금 형성의 요인이 되므로 임차인이 권리금을 주장할 수 있습니다. 민법 제626조 2항을 보면 "임차인이 유익비를 지출한 경우에는 임대인은 임대차 종료 시에 그 가액의 증가가 현존한 때에 한하여 임차인의 지출한 금액이나 그 증가액을 상환하여야 한다. 이 경우에 법원은 임대인의 청구에 의하여 상당한 상환 기간을 허여할 수 있다"라는 문구가 명시돼 있습니다.

간혹 임차인은 사업 손실을 보상받기 위해 자신이 설치한 시설물을 유익비(물건의 가치를 증가시키는 데 도움이 되는 비용)로 해석해 시설 권리금을 주장할 수 있습니다. 그러나 대부분의 시설물은 임차인의 특정 점포사업에 필요한 것일 뿐 다른 점포사업에는 불필요한 것일 수 있습니다. 어떤 점포냐에 따라 인테리어가 달라질 수 있기 때문입니다. 특정 점포사업을 위해 설치한 시설물이 부동산의 공간 활용 가치를 높였다 해도 이 시설물이 다른 점포사업에도 유용할지는 아무도 장담할 수 없습니다.

만일 임차인이 시설물을 설치했으므로 시설 권리금을 받을 수 있다고 한다면, 임대인이 시설물을 설치한 경우엔 어떻게 될까요? 시설 권리금 자체가 없어질 수도 있고, 임대인이 시설 권리금을 받을 수도 있습니다. 이 경우 대부분의 임대인은 시설에 투입된 비용을 임대료에 포함시킵니다. 또 특정 업종하고만 임대차계약을 맺어야 하므로 기회비용의 손실까지 임대료에 반영하려고 합니다. 이는 임대료 상승의 원인이 되어 임차인에게 불리한 사업 위험으로 다가올 수밖에 없습니다.

점포사업으로 성공하기 위해서는 정기적으로 시설물을 개선해 점포의 쾌적성과 고객의 편리성을 증진시켜야 합니다. 더군다나 프랜차이즈 가맹점의 경우는 특정 인테리어 시설을 설치해야만 점포사업을 할 수 있는 것이 일반적[17]입니다.

---

[17] 통상 프랜차이즈 가맹점으로 점포사업을 하는 경우, 가맹계약서에 3년마다 정기적으로 인테리어를 다시 한다는 조항을 넣는 경우가 많다.

따라서 시설 권리금을 적용하려면, 일단 같은 업종으로 점포사업이 승계되어야 합니다. 이 경우에도 새로 인테리어를 한 지 3년이 경과되지 않아야 합니다. 만일 그렇지 않다면 노후화된 시설물을 승계하는 것이므로, 그에 대한 금전적 가치는 거의 없다고 봐야 한다는 게 저의 생각입니다.

42

시설 권리금은 금전적 가치가 전혀 없나요? 현실적으로 받아들이기 어려울 것 같습니다. 너무 과장된 이야기 아닌가요?

본인이 점포사업을 한다고 가정해보면 됩니다. 예를 들어 치킨 가게를 운영하기 위해 시설물을 설치했다면, 치킨 가게 사장은 판매단가를 정할 때 이 투자비용을 반영할 것입니다.

일반적으로 사업 타당성을 검토할 때는 임대차계약 종료 전에 모든 투자비용을 회수할 수 있을지가 관건인데, 임대차 기간이 안정적으로 확보되어야 임차인의 손실을 최소화할 수 있습니다. 그래서 임차인은 임대차 기간을 두고 임대인과 협상을 벌입니다. 보통은 2년이고, 간혹 시설비가 많이 투입된 경우에는 2~5년의 중장기 임대차계약을 맺습니다. 간혹 10년의 장기 임대차계약이 이루어지는 경우도 있습니다.

계약자유의 원칙에 따라 임대차계약은 당사자의 자유의사로 갱신할 수도 있고, 당사자의 합의에 따라 계약 기간을 정할 수도 있습니다. 상가건물임대차보호법에 명시된 모든 내용들은 임차인을 위한 강행법규입니다. 그렇기 때문에 대부분의 임대차계약에서 체결한 내용은 유효하지만, 임차인에게 불리한 계약 내용은 강행법규 위반으로 무효라는 것이 일반적 해석입니다. 만일 시설 투자를 많이 한 임차인과 중장기 임대차계약을 맺었다면, 이 경우는 임차인에게 유리한 계약이라고 해석할 수 있습니다.

시설 권리금을 인정해준다는 것은 개인의 자유의지로 점포를 운영한 현재 임차인이 사업 능력의 부족으로 손실을 봤을 때, 그 손해를 제3자인 신규 임차인이 보상해주는 형태로 이해될 수 있습니다. 결론적으로 신규 임차인이 현재 임차인이 하던 업종을 그대로 물려받아 운영하는 게 아니라면, 시설 권리금을 지급하지 않는 것이 합리적인 의사결정이라고 판단할 수 있습니다.

사례

퇴직 후 재취업이 어려워 방황하던 최명식 씨에게 솔깃한 제안이 들어왔다. 그는 동네에서 삼겹살 전문점을 운영하던 사장에게서 다음과 같은 이야기를 들었다.

"보증금 2천만 원에 월 임대료는 100만 원이고, 임대차계약 종료까지는 한 10개월쯤 남아 있습니다. 가게 안에 있는 숟가락 하나, 술잔 하나까지 다 드릴 테니까 시설 권리금 명목으로 1천만 원에 인수하세요. 월 임대료는 점심 장사만으로 충당할 수 있고, 저녁 장사로 번 돈은 수익으로 가져가시면 됩니다. 월 평균 200만 원 정도는 가져가실 겁니다. 지금 저는 축산유통업을 준비 중이라 이 가게를 운영할 여력이 없습니다. 그래서 최명식 씨에게 넘기려는 것입니다."

1천만 원에 가게의 모든 시설물을 인수할 수 있다는 말에 최명식 씨의 마음이 흔들렸다. 일단 투자비용이 크게 부담스럽지 않았고, 계약하자마자 바로 장사할 수 있다는 것도 장점으로 보였다. 여기에 더해 '돼지아빠'라는 신규 브랜드로 프랜차이즈 사업도 해볼 수 있겠다 싶었다. 최명식 씨는 더 이상 망설이지 않고 가게를 인수했다.

일주일쯤 지나자, 최명식 씨는 자신의 계획이 너무도 허황된 것임을 깨달았다. 점심 장사로 대여섯 테이블, 저녁 장사로 서너 테이블을 채우는 날이 대부분이었다. 두 달 만에 그는 아무리 열심히 일해도 월 임대료를 겨우 낼 정도라는 것을 알았다. 전 임차인의 거짓말에 속은 것이다.

결국 그는 가게를 인수한 지 4개월쯤 지나 전 임차인을 찾아갔다. "시설 권리금으로 지불한 1천만 원은 포기할 테니, 가게 인수 이야기는 없었던 것으로 합시다." 나와 술잔을 기울이며 그는 자신의 실패담을 말해주었다.

43

사업 시작 전에 투자 자금을 어떻게 회수할지
신중히 검토해봐야겠네요. 그렇다면
영업 권리금도 다르게 해석할 수 있나요?

영업 권리금의 의미를 다시 한 번 살펴보겠습니다. 영업 권리금 이란 영업상의 노하우, 거래처 확보, 고객들과의 신뢰 등에 대한 무형의 재산적 가치를 신규 임차인에게 넘겨주는 대가로 현재 임차인이 받는 금액을 말합니다. 보통 현재 임차인이 일정 기간 확보할 수 있는 순이익금의 합계가 영업 권리금이 됩니다.

그런데 전 임차인이 주장했던 순이익이 확보되지 않을 때가 많습니다. 이 경우 이미 지불한 권리금을 돌려달라고 할 수 있을까요? 없습니다. 결국 영업 권리금을 인정하기 위해서는 일반인이 모르는 차별화된 영업상의 노하우에 근거한 안정적인 사업 수익을 낼 수 있는 무형의 가치가 반드시 있어야 합니다.

일반적으로 재산적 가치가 있을 정도의 영업상의 노하우라면, 불특정 다수의 점포 방문객이 아니라 지속적으로 방문하는 특정 고객들이 있어야 합니다. 즉 집객효과(고객을 끌어 모으는 효과)를 극대화할 수 있는 사업 노하우가 있어야 한다는 말입니다.

혹시 "목이 좋아야 장사가 잘된다"는 말을 들어본 적 있나요? 목의 좋고 나쁨이 점포사업의 성패를 결정짓는다는 말이며, 이는 입지의 중요성을 강조하는 말이기도 합니다. 오가는 사람이 많은 길목에 자리 잡은 점포라면 불특정 다수가 방문할 가능성 또한 크기 때문입니다.

일반적으로 판매업종의 점포사업은 영업상의 노하우보다는 제품 자체의 품질과 브랜드 또는 입지의 우수성으로 인한 집객효과가 성공을 부르는 요인이라고 합니다. 이는 영업 권리금보다는 지역 권리금의 성격에 가까워서, 지역 권리금을 제외한 현재 임차인만이 가진 실질적인 영업 권리금의 금전적 가치를 미루어 짐작하기란 상당히 어려운 일입니다.

영업 권리금을 추정하기 위해서는 불특정 다수가 아닌 지속적으로 방문하는 고객들을 대상으로 교통, 접근성, 가시성, 동선, 상권, 건물 외관, 실내 인테리어 등을 제외한 재방문 동기에 대한 냉정한 분석이 반드시 전제돼야 합니다.

또한 영업 권리금을 주장할 정도의 성공적인 점포사업을 영위하고 있더라도 이를 단기간에 이뤘을 가능성은 적습니다. 따라서 점포사업의 영업년수가 얼마 되지 않은 상태에서 신규 임차인에게서 받는 영업 권리금은 실제 영업 권리금의 성격이 아닐 가능성이 크다는 결론에 다다르게 됩니다.

고객들이 점포를 즐겨 찾는 이유가 현재 임차인에 대한 신뢰일 경우, 이 고객들이 신규 임차인도 신뢰한다는 보장은 없습니다. 뿐만 아니라 영업 권리금의 가치를 합리적으로 계량화할 수 있는 법적 장치나 제도가 없는 것도 현실입니다.

향후 기대할 수 있는 영업이익이 없다면 신규 임차인은 권리금을 지불하지 않을 것입니다. 만일 신규 임차인이 권리금을 지불했다면 영업이익에 대한 기대치가 있었기 때문입니다. 거기에는 현재 임차인과 중개업자가 제공한 정보가 결정적 역할을 했을 가능성이 큽니다.

따라서 현재 임차인에게 지급하는 영업 권리금은 악의적으로 이용될 가능성이 높다고 할 수 있습니다. 그럼에도 불구하고 이미 지급한 영업 권리금에 대한 손실 책임은 전적으로 신규 임차인의 몫입니다.

44

권리금을
안 줘도 된다는 말인가요?

아닙니다. 누구나 이해하고 받아들일 수 있는 적정 권리금이라면 당연히 주고받아야 한다고 생각합니다. 점포사업을 하려는 신규 임차인이 현재 임차인의 점포 시설물(인테리어 및 집기 등)을 인수한다면 당연히 시설 권리금을 줘야 하고, 같은 업종의 영업 노하우를 전수받는다면 이 또한 금전적으로 보상해줘야 합니다.

단, 악의적으로 조작되거나 과도하게 형성된 권리금이 신규 임차인에게 전가되는 것은 분명 잘못된 일임을 강조한 것입니다.

45

권리금은 어떤 과정을 거치면서 형성되나요?

간단하지 않지만 차근차근 설명하겠습니다. 먼저 다음과 같은 전제조건을 만들겠습니다.

1. 현재 임차인이 권리금을 지불하지 않고 상가임대차계약을 체결한다.
2. 임대인은 임차인으로부터 권리금을 받지 않는다.
3. 상가임대차계약이 종료될 때 임대인은 월 임대료를 유지하거나 인상한다.

위와 같은 전제조건을 두는 이유는 다음과 같습니다.

첫째, 애초 권리금 자체가 존재하지 않았던 상황에서 권리금이 생성되는 과정을 예측해 나가야 하기 때문입니다.

둘째, 임대인이 권리금을 받을 수 있지만, 권리금을 주고받는 당사자는 아니기 때문입니다.

셋째, 임대인들은 특별한 상황이 아니라면 현재의 임대료를 유지하거나 인상을 선택하기 때문입니다.

다음의 표를 보겠습니다.

권리금이 형성되는 과정

	현재 임차인의 첫 의사결정	임대인의 첫 의사결정	현재 임차인의 두 번째 의사결정	임대인의 두 번째 의사결정	신규 임차인의 의사결정
①	권리금 지불 안 함	환산보증금 유지	없음	없음	없음
②	권리금 지불 안 함	환산보증금 인상	재계약 진행	없음	없음
③	권리금 지불 안 함	환산보증금 인상	재계약 안 함	신규 임차 안 함	없음
④	권리금 지불 안 함	환산보증금 인상	재계약 안 함	신규 임차 진행	권리금 지불
⑤	권리금 지불 안 함	환산보증금 인상	재계약 안 함	신규 임차 진행	권리금 지불 또는 없음

위의 표를 이해하기 위해서는 먼저 월 임대료 대신 '환산보증

금'[18]이라고 표현한 이유를 알아야 합니다. 상가임대차계약이 종료된 후 재협상을 할 때, 일반적으로 임대인은 현재 임차인에게 다음의 세 가지 방안을 요구할 수 있습니다. 첫째, 월 임대료를 인상하는 방안. 둘째, 보증금을 인상하는 방안. 셋째, 월 임대료와 보증금을 같이 인상하는 방안. 그래서 환산보증금이라고 표현한 것입니다.

①은 권리금을 지불하지 않고 임대인과 상가임대차계약을 맺은 상태에서 계약 종료 시점이 되었을 때, 임대인이 보증금과 월 임대료를 인상하지 않고 그대로 유지하는 상황입니다. 따라서 현재 임차인과 임대인이 현 조건 그대로 상가임대차계약을 자동 연장하는 의미가 되므로, 현재 임차인이나 임대인의 두 번째 의사결정 과정[19]이 없습니다. 신규 임차인 또한 의사결정을 할 필요가 없습니다.

②는 권리금을 지불하지 않고 임대인과 상가임대차계약을 맺은 상태에서 계약 종료 시점이 되었을 때, 임대인이 보증금 또는 월 임대료를 인상하고 현재 임차인은 그 제안을 그대로 따르는 상황

---

[18] 환산보증금이란 보증금에 월세환산액을 합한 금액을 말한다. 환산보증금 = 보증금 + (월 임대료 × 100). 이는 상가건물임대차보호법 시행령에 근거하고 있다.
상가건물임대차보호법 시행령 제2조(적용범위) ③ 법 제2조제2항에서 "대통령령으로 정하는 비율"이라 함은 1분의 100을 말한다.

[19] 재계약 연장이라는 관점에서는 현재 임차인의 의사결정이 있다고 할 수 있으나, 환산보증금 인상에 따른 의사결정이 아니므로 두 번째 의사결정이 없다고 하는 것이다.

입니다. 따라서 임대인은 신규 임차인과 협상할 필요가 없으므로 두 번째 의사결정 과정 역시 없으며, 신규 임차인 또한 의사결정을 할 필요가 없습니다. 장사가 그럭저럭 잘되는 경우 대부분은 이 상황처럼 진행됩니다.

③은 권리금을 지불하지 않고 임대인과 상가임대차계약을 맺은 상태에서 계약 종료 시점이 되었을 때, 임대인이 보증금 또는 월 임대료를 인상하고 현재 임차인은 그 제안을 거부하는 상황입니다. 즉 재계약이 체결되지 않은 상황입니다. 이 경우 신규 임차인을 구하기 전에 상가임대차계약이 종료되고, 점포는 공실로 남을 수 있습니다. 임대인이 직접 점포사업을 함으로써 신규 임차인이 필요치 않는 경우도 여기에 해당합니다. 권리금 없이 처음으로 장사하다가 실패한 경우 또는 그럭저럭 버틸 만하지만 다른 사업이나 재취업으로 점포사업을 접는 경우가 여기에 해당합니다.

④는 권리금을 지불하지 않고 임대인과 상가임대차계약을 맺은 상태에서 계약 종료 시점이 되었을 때, 임대인이 보증금 또는 월 임대료를 인상하고 현재 임차인은 그 제안을 거부하는 상황입니다. 즉 재계약이 체결되지 않은 상황입니다. 그러나 상가임대차계약이 종료되기 전에 중개업자를 통해 신규 임차인과의 권리금 협상이 진행된 경우입니다. 따라서 현재 임차인, 임대인, 신규 임차인 모두 의사결정 과정에 참여하게 됩니다.

권리금이 없던 점포가 이제 권리금이 있는 점포로 바뀌었습니다. 현재 임차인과 신규 임차인의 관계에서 최초로 권리금이 형성된 상황입니다. 현재 임차인은 점포사업으로 수익을 얻었고, 또 권리금이라는 이득도 얻었으므로 아주 성공적으로 점포사업을 했다고 볼 수 있습니다.

따라서 권리금 없이 상가임대차계약을 맺은 현재 임차인은 권리금이라는 금전적 이득을 얻었고, 신규 임차인은 지불한 권리금을 상가임대차계약 종료 전에 회수해야 한다는 부담을 갖게 되었습니다. 이 권리금계약을 중재한 중개업자는 권리금 수수료로 금전적 이득을 취했습니다.

⑤는 권리금을 지불하지 않고 임대인과 상가임대차계약을 맺은 상태에서 계약 종료 시점이 되었을 때, 임대인이 보증금 또는 월 임대료를 인상하고 현재 임차인은 그 제안을 거부하는 상황입니다. 즉 재계약이 체결되지 않고, 상가임대차계약이 종료한 후에 임대인이 신규 임차인과 상가임대차계약을 맺는 경우입니다. 따라서 현재 임차인, 임대인, 신규 임차인 모두 의사결정 과정에 참여하게 되지만, 신규 임차인은 권리금을 지불하지 않고 상가임대차계약을 맺는 상황입니다. 즉 권리금이 생성될 가능성이 있었던 상가가 상가임대차계약의 종료로 인해 권리금이 생성되지 않는 것입니다.

이는 임대인이 상가임대차계약 기간을 끝까지 준수한 것으로,

전대차(임차한 상가를 재임대하는 것) 또는 전임대하게 해달라는 임차인의 요구를 임대인이 받아들이지 않은 상황임을 알 수 있습니다. 그리고 계약 종료 3개월 전부터 현재 임차인이 신규 임차인을 구하려 했으나, 결과적으로 실패한 경우에 해당합니다. 신규 임차인 입장에서는 권리금 없이 창업할 수 있으므로 사업자금의 부담을 덜 수 있습니다.

사례

나는 부동산에 관심을 갖기 전에 반도체 회사에서 일했었다. 그때 함께 일했던 홍인표 부장을 몇 년 전에 만나 이런저런 이야기를 나누었다. IMF 여파로 명예퇴직을 한 홍 부장은 점포 사업을 시작했는데, 권리금으로 꽤 짭짤한 수익을 냈다고 한다.

"첫 가게는 분당 정자동에 있었어. 권리금이 부담스러워 아예 권리금 없는 신축상가의 1층 점포를 임대해 프랜차이즈 우동 전문점을 열었는데, 다행히 장사가 아주 잘됐어. 정자동 지역이 발전하고 카페거리가 활성화되면서 상권이 좋아졌거든. 그렇게 5년쯤 장사하다가 권리금을 받고 가게를 넘겼어. 사실 그럴 생각이 없었는데, 어느 날 중개업소에서 '권리금 2억 원을 줄 테니 가게를 넘기지 않겠냐'고 하더군. 휴일도 없이 일하느라 지쳤을 무렵이라 바로 오케이했지."

그러고는 바로 강남의 S지역으로 눈길을 돌려 점포를 찾아다녔다고 한다. 이번에도 홍 부장은 권리금 없는 신축상가를 임대해 프랜차이즈 제과점을 열었다. 그리고 3년 후 홍 부장은 권리금으로 1억 5천만 원을 받고 신규 임차인에게 제과점을 넘겼다. 장사도 잘하고 권리금 수익도 챙긴 경우라고 할 수 있다.

46

권리금 형성 과정이 다양하네요.
그렇다면 이 **권리금은 다음 임차인에게**
어떻게 이전되나요?

권리금이 최초로 생성되는 과정을 이해하셨으니, 이젠 권리금이 다음 임차인에게 어떻게 이전되는지 살펴보겠습니다. 앞에서 설명한 표 안의 ④ 상황에서 최초로 권리금이 생성되었고, 이 권리금을 지불한 신규 임차인이 이제는 현재 임차인이 되어 있는 상황입니다.

다음의 표를 보겠습니다.

권리금이 이전되는 과정

	현재 임차인의 첫 의사결정	임대인의 첫 의사결정	현재 임차인의 두 번째 의사결정	임대인의 두 번째 의사결정	신규 임차인의 의사결정
①	권리금 지불	환산보증금 유지	없음	없음	없음
②	권리금 지불	환산보증금 인상	재계약 진행	없음	없음
③	권리금 지불	환산보증금 인상	재계약 안 함	신규 임차 안 함	없음
④	권리금 지불	환산보증금 인상	재계약 안 함	신규 임차 진행	권리금 지불
⑤	권리금 지불	환산보증금 인상	재계약 안 함	신규 임차 진행	권리금 지불 안 함

①은 권리금을 지불한 현재 임차인이 임대인과 상가임대차계약을 맺은 상태에서 계약 종료 시점이 되었을 때, 임대인이 보증금과 월 임대료를 인상하지 않고 그대로 유지하는 상황입니다. 따라서 현재 임차인과 임대인이 현 조건 그대로 상가임대차계약을 자동 연장하는 의미가 되므로, 현재 임차인이나 임대인의 두 번째 의사결정 과정이 없습니다. 신규 임차인 또한 의사결정을 할 필요가 없습니다.

②는 권리금을 지불한 현재 임차인이 임대인과 상가임대차계약을 맺은 상태에서 계약 종료 시점이 되었을 때, 임대인이 보증금

또는 월 임대료를 인상하고 현재 임차인은 그 제안을 그대로 따르는 상황입니다. 따라서 현재 임차인의 두 번째 의사결정 과정이 필요하며, 임대인과 신규 임차인은 의사결정 과정이 필요 없는 상황입니다. 권리금을 지불했기 때문에 현재 임차인은 권리금을 회수할 수 있는 기회를 엿보고자 임대인의 요구를 들어줄 수밖에 없는 상황입니다. 물론 장사가 잘되기 때문에 계약을 연장할 수도 있습니다.

③은 권리금을 지불한 현재 임차인이 임대인과 상가임대차계약을 맺은 상태에서 계약 종료 시점이 되었을 때, 임대인이 보증금 또는 월 임대료를 인상하고 현재 임차인은 그 제안을 거부하는 상황입니다. 즉 재계약이 체결되지 않은 상황입니다.

이 경우 두 가지 상황을 예상할 수 있는데, 첫 번째는 신규 임차인을 구하기 전에 상가임대차계약이 종료되어 점포가 공실로 남는 상황입니다. 두 번째는 임대인이 직접 점포사업을 함으로써 신규 임차인이 필요 없는 상황입니다. 어떤 상황이든 현재 임차인은 이미 지불한 권리금을 회수하지 못한 채 상가임대차계약이 종료되었으므로, 임대인에게 보증금을 돌려받기 위해 점포를 원상복구해야 하는 부담을 갖게 됩니다. 현재 임차인이 권리금으로 지불한 비용을 임대차계약 기간 동안 회수했다면 그나마 다행인데, 그렇지 못했다면 사업 손실로 다가옵니다.

④는 권리금을 지불한 현재 임차인이 임대인과 상가임대차계약을 맺은 상태에서 계약 종료 시점이 되었을 때, 임대인이 보증금 또는 월 임대료를 인상하고 현재 임차인은 그 제안을 거부하는 상황입니다. 즉 재계약이 체결되지 않고, 상가임대차계약이 종료되기 전에 중개업자를 통해 신규 임차인과의 권리금 협상이 진행된 경우입니다. 따라서 현재 임차인, 임대인, 신규 임차인 모두 의사결정 과정에 참여하게 됩니다. 권리금을 지불하고 상가임대차계약을 맺은 현재 임차인이 신규 임차인으로부터 권리금을 받는, 가장 일반적인 권리금 이동 과정입니다.

만일 현재 임차인이 전 임차인에게 지불한 권리금보다 더 많은 권리금을 신규 임차인으로부터 받는다면 금전적 이득을 보게 되고, 그 반대의 경우라면 일부 손실을 보게 됩니다. 권리금계약을 중재한 중개업자는 권리금 수수료로 금전적 이득을 취하게 됩니다. 권리금계약이 원활히 진행되지 못했을 경우 중개업자는 권리금 수수료를 받지 못하므로, 신규 임차인으로부터 권리금을 받을 수 있도록 현재 임차인과 협조관계를 유지했을 것으로 예상할 수 있습니다.

⑤는 권리금을 지불한 현재 임차인이 임대인과 상가임대차계약을 맺은 상태에서 계약 종료 시점이 되었을 때, 임대인이 보증금 또는 월 임대료를 인상하고 현재 임차인은 그 제안을 거부하는 상황입니다. 즉 재계약이 체결되지 않고, 상가임대차계약이 종료된

후에 임대인이 신규 임차인과 상가임대차계약을 맺는 경우입니다. 따라서 현재 임차인, 임대인, 신규 임차인 모두 의사결정 과정에 참여하게 되지만, 권리금을 신규 임차인이 지불하지 않고 상가임대차계약을 맺는 상황입니다.

현재 임차인 입장에서는 이미 지불한 권리금을 회수하지 못하고 상가임대차계약이 종료된 상황인데, 만일 상가임대차계약 기간 동안 이를 사업 수익으로 회수하지 못했다면 이미 지불한 권리금 가액만큼 금전적 손실을 보게 됩니다. 반면 신규 임차인은 권리금이 있던 상가를 권리금 없이 임대차계약을 맺었으므로, 정말 잘한 계약입니다.

47

경기가 호황일 때, 권리금은 어떻게 되나요?

 이번에는 경기가 호황일 때 권리금이 어떻게 확대돼 가는지 표를 보면서 차근차근 설명해보겠습니다. 앞서 설명한 표 안 ④의 상황에서 권리금을 지불한 신규 임차인이 이제는 현재 임차인이 되어 있습니다.

 경기가 호황일 경우 신규로 점포를 구하고자 하는 점포사업자들이 많아집니다. 신규 임차인을 수요라는 관점에서 보면, 수요가 점차적으로 늘어나는 과정입니다. 반면 임대차 시장에서 구할 수 있는 점포는 한정돼 있을 것이고, 이를 공급이라는 관점에서 보면 공급이 수요보다 적다는 의미로 이해할 수 있습니다. 다음의 표를 보겠습니다.

권리금이 확대되는 과정

	현재 임차인의 첫 의사결정	임대인의 첫 의사결정	현재 임차인의 두 번째 의사결정	임대인의 두 번째 의사결정	신규 임차인의 의사결정
①	권리금 지불	환산보증금 유지	없음	없음	없음
②	권리금 지불	환산보증금 인상	재계약 진행	없음	없음
③	권리금 지불	환산보증금 인상	재계약 안 함	신규 임차 안 함	없음
④	권리금 지불	환산보증금 인상	재계약 안 함	신규 임차 진행	권리금 지불
⑤	권리금 지불	환산보증금 인상	재계약 안 함	신규 임차 진행	권리금 지불 안 함

①은 권리금을 지불한 현재 임차인이 임대인과 상가임대차계약을 맺은 상태에서 계약 종료 시점이 되었을 때, 임대인이 보증금과 월 임대료를 인상하지 않고 그대로 유지하는 상황입니다. 비록 대기 중인 신규 임차인들이 많을지라도 임대인과 현재 임차인이 서로 협의하여 현재의 계약 조건으로 재계약을 체결한 것입니다. 현재 임차인 입장에서는 참 좋은 임대인을 만났다고 할 수 있습니다.

②는 권리금을 지불한 현재 임차인이 임대인과 상가임대차계약을 맺은 상태에서 계약 종료 시점이 되었을 때, 임대인이 보증금과 월 임대료를 인상한 상황입니다. 대기 중인 신규 임차인이 많으

므로 임대인은 현재 임차인에게 임대료를 올려달라고 요구합니다. 그러한 요구 조건을 현재 임차인이 받아들임에 따라 재계약이 진행되었습니다. 현재 임차인은 경기가 좋아 장사가 잘되므로 임대료 인상이 크게 부담스럽지 않았을 것입니다.

③은 권리금을 지불한 현재 임차인이 임대인과 상가임대차계약을 맺은 상태에서 계약 종료 시점이 되었을 때, 임대인이 보증금 또는 월 임대료를 인상하고 현재 임차인은 그 제안을 거부합니다. 즉 재계약이 체결되지 않은 상황입니다. 호황임에도 불구하고 현재 임차인이 재계약을 거부한 이유는 계속 장사해봤자 실익이 없다고 판단했기 때문입니다.

여기서 주목할 점은 대기 중인 신규 임차인이 많은데도 임대인이 신규 임차를 하지 않기로 결정한 부분입니다. 이 경우 임대인 본인이 직접 점포사업을 하려는 것으로 이해할 수 있습니다. 따라서 권리금을 지불하고 임대차계약을 맺은 현재 임차인은 계약 종료와 함께 권리금 회수 기회를 날려버립니다. 상가까지 원상복구해야 하므로, 현재 임차인 입장에서는 가장 나쁜 상황입니다.

④는 권리금을 지불한 현재 임차인이 임대인과 상가임대차계약을 맺은 상태에서 계약 종료 시점이 되었을 때, 임대인이 보증금 또는 월 임대료를 인상하고 현재 임차인은 그 제안을 거부하는 상황입니다. 즉 재계약이 체결되지 않고, 상가임대차계약이 종료되

기 전에 중개업자를 통해 신규 임차인과의 권리금 협상이 진행된 경우입니다.

이 경우 대기 중인 신규 임차인이 많으므로, 현재 임차인은 본인이 지불한 권리금보다 더 많은 권리금을 신규 임차인으로부터 받을 수 있습니다. 점포사업의 성패와 관계없이 높은 권리금을 받을 수 있으므로 현재 임차인은 상당한 금전적 이득을 보게 됩니다. 현재 임차인 입장에서는 가장 기분 좋은 상황이라고 할 수 있습니다. 그러나 장사가 잘되는 상황에서 현재 임차인이 실제로 장사를 접는 일은 그리 쉽지 않습니다.

이 상황은 처음으로 권리금이 확대, 재생산된 것을 의미합니다. 신규 임차인은 높은 권리금을 지급했기 때문에 권리금 회수라는 위험에 직면하게 됩니다. 이 권리금계약을 중재한 중개업자는 높아진 권리금만큼 더 많은 수수료를 가져갑니다. 더군다나 시장 경기에 따른 적절한 수준의 권리금이 아니라, 과도한 권리금을 신규 임차인이 지불하도록 유도했다면 중개업자의 수익은 더 커집니다.

⑤는 권리금을 지불한 현재 임차인이 임대인과 상가임대차계약을 맺은 상태에서 계약 종료 시점이 되었을 때, 임대인이 보증금 또는 월 임대료를 인상하고 현재 임차인은 그 제안을 거부하는 상황입니다. 즉 재계약이 체결되지 않고, 상가임대차계약이 종료한 후에 임대인이 신규 임차인과 상가임대차계약을 맺는 경우입니다.

현재 임차인은 지불한 권리금을 돌려받지 못했기에 금전적 손실을 볼 것이 예상됩니다. 그러나 임대인은 대기 중인 신규 임차인이 많으므로 새로운 상가임대차계약을 맺었을 가능성이 큽니다. 당연히 신규 임차인과는 더 높은 보증금과 월 임대료로 계약합니다. 신규 임차인 입장에서는 고액의 권리금을 지불해야 하는 상황에서 권리금 없이 상가를 얻었으므로 아주 운이 좋은 경우입니다.

48

경기가 나빠지면
권리금은 어떻게 되나요?

경기가 나빠지면 당연히 권리금도 낮아집니다. 불황일 경우엔 문을 닫는 가게들이 많아집니다. 창업 열기가 식으면서 신규 점포 사업자들의 수도 현저히 줄어듭니다. 이를 공급과 수요라는 관점에서 보면, 점포의 공급은 늘어나고 점포가 필요한 신규 임차인은 점차적으로 줄어드는 것으로 이해할 수 있습니다. 즉 공급이 수요보다 많아지는 현상입니다.

앞서 언급한 표 안 ④의 상황에서 높은 권리금을 지불한 신규 임차인이 이제는 현재 임차인이 됩니다.

다음의 표를 보겠습니다.

권리금이 축소되는 과정

	현재 임차인의 첫 의사결정	임대인의 첫 의사결정	현재 임차인의 두 번째 의사결정	임대인의 두 번째 의사결정	신규 임차인의 의사결정
①	권리금 지불	환산보증금 유지	없음	없음	없음
②	권리금 지불	환산보증금 인상	재계약 진행	없음	없음
③	권리금 지불	환산보증금 인상	재계약 안 함	신규 임차 안 함	없음
④	권리금 지불	환산보증금 인상	재계약 안 함	신규 임차 진행	권리금 지불
⑤	권리금 지불	환산보증금 인상	재계약 안 함	신규 임차 진행	권리금 지불 안 함

①은 권리금을 지불한 현재 임차인이 임대인과 상가임대차계약을 맺은 상태에서 계약 종료 시점이 되었을 때, 임대인이 보증금과 월 임대료를 인상하지 않고 그대로 유지하는 상황입니다. 설령 대기 중인 신규 임차인들이 적을지라도 임대인과 현재 임차인이 서로 협의하여 현재의 계약 조건으로 재계약을 체결한 것입니다. 따라서 현재 임차인이나 임대인의 두 번째 의사결정 과정은 없으며, 신규 임차인 또한 의사결정을 할 필요가 없습니다.

경기도 안 좋은데 현재 임차인은 왜 계약을 연장했을까요? 그 이유는 아마도 권리금 때문일 가능성이 높습니다. 현재 임차인은 과도한 권리금을 지불했기 때문에 현 계약 관계를 유지하는 게 자신에게 더 바람직하다고 판단했을 것입니다. 즉 임대차계약을 유지하면서 권리금을 받을 수 있는 기회를 엿보고자 하는 의도입니다.

②는 권리금을 지불한 현재 임차인이 임대인과 상가임대차계약을 맺은 상태에서 계약 종료 시점이 되었을 때, 임대인이 보증금과 월 임대료를 인상하는 상황입니다. 대기 중인 신규 임차인이 거의 없는데도 불구하고 임대인이 임대료를 올려 받겠다고 하는 것은 현재 임차인이 처한 상황을 역이용한다고 볼 수 있습니다. 권리금을 받지 못하는 상황에서 현재 임차인은 결코 점포를 포기하지 않을 거라고 판단한 것입니다.

시장임대료보다 높은 계약임대료가 형성되었음에도 불구하고 현재 임차인은 임대인의 요구를 단칼에 거절하기 어렵습니다. 이미 지불한 권리금을 회수하려면 일단 임대인의 요구 조건을 받아들일 수밖에 없습니다. 재계약한 뒤에야 신규 임차인과 권리금 협상을 진행할 수 있기 때문입니다. 그나마 장사가 잘되는 경우라면 현재 임차인이 버틸 수 있겠지만, 그렇지 않다면 고전을 면치 못하게 됩니다.

③은 권리금을 지불한 현재 임차인이 임대인과 상가임대차계약을 맺은 상태에서 계약 종료 시점이 되었을 때, 임대인이 보증금 또는 월 임대료를 인상하고 현재 임차인은 그 제안을 거부하는 상

황입니다. 즉 재계약이 체결되지 않은 상황입니다.

  이 경우 현재 임차인은 권리금을 지불했음에도 불구하고 이쯤에서 점포사업을 접는 게 더 유리하다고 판단한 것입니다. 대기 중인 신규 임차인이 거의 없으므로 점포는 공실이 되거나, 임대인이 직접 점포사업을 하게 됩니다.

  따라서 권리금을 지불한 현재 임차인은 임대차계약이 종료됨에 따라 권리금을 한 푼도 받을 수 없을뿐더러 상가까지 원상복구해야 하는 상황에 처합니다. 그럼에도 점포사업을 유지하는 것보다는 폐업하는 것이 더 이득이라는 판단에서 이 같은 선택을 할 수밖에 없습니다. 점포사업을 하면서 투자원금을 회수하기는커녕 빚까지 지는 대부분의 자영업자가 이 경우에 해당합니다.

  ④는 권리금을 지불한 현재 임차인이 임대인과 상가임대차계약을 맺은 상태에서 계약 종료 시점이 되었을 때, 임대인이 보증금 또는 월 임대료를 인상하고 현재 임차인은 그 제안을 거부하는 상황입니다. 즉 재계약은 체결되지 않았습니다. 그러나 상가임대차계약이 종료되기 전에 다행히도 중개업자를 통해 신규 임차인과의 권리금 협상이 진행된 경우입니다.

  따라서 대기 중인 신규 임차인이 거의 없음에도 불구하고 현재 임차인은 본인이 지급한 권리금보다 낮은 권리금을 신규 임차인으로부터 받을 수 있습니다. 현재 임차인 입장에서는 권리금을 전혀 받지 못한 채 상가임대차계약이 종료될 가능성이 컸는데, 다행히 일부나마 권리금을 회수할 수 있어 손실액을 줄일 수 있게 되었습니다.

한편, 신규 임차인은 불확실한 정보만 믿고 상가임대차계약을 체결했을 가능성이 큽니다. 새 임차인을 구하는 일이 상당히 어려운 환경에서는 대개 권리금 자체가 유명무실해집니다. 그런데도 신규 임차인이 권리금을 지불했다는 것은 중개업자의 달콤한 속삭임에 넘어갔다고밖에 볼 수 없습니다. 이 경우는 경기 변동에 따라 신규 임차인에게 득이 될 수도, 실이 될 수도 있습니다. 불황이 장기화될 경우엔 신규 임차인이 지불한 권리금을 회수할 방법이 거의 없으나, 경기가 호전될 경우엔 이미 지불한 권리금보다 더 높은 권리금을 받을 수 있기 때문입니다.

이 같은 권리금계약을 성사시킨 중개업자는 당연히 권리금 수수료로 금전적 이득을 취했을 것입니다. 이때 시장 경기에 따른 적절한 수준의 권리금이 아니라 과도하게 높은 권리금을 서로 주고받도록 했다면, 중개업자의 금전적 이득은 더 많아집니다.

⑤는 권리금을 지불한 현재 임차인이 임대인과 상가임대차계약을 맺은 상태에서 계약 종료 시점이 되었을 때, 임대인이 보증금 또는 월 임대료를 인상하고 현재 임차인은 그 제안을 거부하는 상황입니다. 즉 재계약이 체결되지 않고, 상가임대차계약이 종료한 후에 임대인이 신규 임차인과 상가임대차계약을 맺는 경우입니다.

이 경우 신규 임차인은 권리금을 지불하지 않고 상가임대차계약을 맺습니다. 하지만 대기 중인 임차인이 거의 없음에도 불구하고 신규 임차인은 임대인이 요구하는 높은 보증금과 월 임대료를 그대로 받아들인 상황입니다. 권리금이 없다는 점에 끌려 상가임대차계약을 진행했거나, 불확실한 정보로 인해 잘못된 계약을 진행했다고 봐야 합니다.

사례

내가 운영 중인 인터넷 동호회(http://cafe.naver.com/forsangga)를 통해 김인석 사장을 만났다. 그는 화장품 가게를 운영하고 있었는데, 지하철 6호선 Y역 앞에만 6개의 가게가 있다고 한다. 김 사장은 내게 "그동안은 돈 벌어서 임대료를 주는 입장이었는데, 이제는 임대료를 받으며 살고 싶다"며 상가투자 방법을 물어왔다.

나는 몇 번의 상담을 통해 김 사장이 살아온 이야기를 들을 수 있었다. 서울의 유명 대학을 졸업한 그는 공기업에서 일하다가 과감히 창업전선에 뛰어들었다고 한다. 그가 선택한 사업 아이템은 화장품. 하지만 화장품 가게가 자리 잡기까지 힘든 일이 많았다. 숱한 경험을 통해서 김 사장은 입지와 권리금의 상관관계를 터득했다고 한다.

김인석 사장이 맨 처음 계약한 곳은 청량리역 앞의 대로변에 있는 1층 점포, 바로 앞에 버스정류장이 있어 권리금으로 3억 원을 주고 상가임대차계약을 체결했다. 처음 6개월은 장사가 그럭저럭 잘되었는데, 서울시가 추진한 중앙버스전용차로제가 시행되면서 상황이 달라졌다. 점포 앞에 있던 버스정류장이 없어지고, 유동인구의 동선이 바뀌면서 매출이 급감한 것이다.

지역에서 최고로 좋았던 점포 위치는 하루아침에 무용지물이 되었다. 버스정류장 앞이라 월 임대료도 높았는데, 한순간에 월 임대료 내기도 버거운 상황이 된 것이다. 계속 버티는 게 무의미하다고 판단한 김 사장은 중개업소에 가게를 내놓았다. 권리금이라도 조금 챙길 수 있을까 했지만, '엎친 데 덮친 격'으로 권리금은 한 푼도 받을 수 없었다.

그 뒤로 몇 번의 점포사업을 하면서 김 사장은 입지의 중요성을 절실히 느꼈다고 한다. 만일 누군가가 그에게 "최적의 점포 위치는 어디냐?"고 물으면 그의 대답은 "무조건 지하철역 앞!"일 것이다.

49

상가임대차계약서에는 어떤 내용이 담기나요?

이제 본격적으로 상가임대차계약서에 대해 이야기를 해보겠습니다. 먼저 상가임대차계약서의 주요 내용들이 무엇인지 알고 있어야 합니다. 상가임대차계약서에는 임대인과 임차인이 서로 협의해서 정한 보증금과 월 임대료, 임대차 기간이 적혀 있습니다.

상가임대차계약서는 보증금과 월 임대료, 임대차 기간을 정하기 위해 작성합니다. 그다음에 뭔가 문구를 작성해 서로 합의하기도 합니다. 이 문구가 권리금 시장에서는 매우 중요합니다.

일반적으로 상가임대차계약서를 보면 위쪽에 '부동산의 표시'라고 해서 소재지, 면적 등의 개요를 기입하는 부분이 있습니다. 여기를 채우고 나면 '계약 내용' 부분을 작성하게 됩니다. 보증금, 계약금, 중도금, 잔금, 월 임대료 등이 있습니다. 그런 다음 세부 내역으로 7~8가지의 문구를 작성합니다.

그중 권리금과 관계된 문구는 "임차인은 임대인의 동의 없이는 위 부동산의 용도나 구조를 변경하거나 전대, 임차권 양도 또는 담보 제공을 하지 못하며, 임대차 목적 이외의 용도로 사용할 수 없다"입니다. 이 문구를 상가임대차계약서에 기입합니다. 이는 민법 제629조 1항 "임차인은 임대인의 동의 없이 그 권리를 양도하거나 임차물을 전대하지 못한다"라는 조문에 근거하여 일반적으로 상가임대차계약 시 작성하는 문구입니다.

임대인의 동의와 관련해서 판례는 배신행위이론을 적용해 임대차의 무단 양도에 있어서 임대인의 계약 해지권을 제한하고 있습니다. 즉 "양수인이 임차인의 무단 양도가 임대인에 대한 배신적 행위가 아니라는 것을 입증하면 임대인은 무단 양도를 이유로 임대차계약을 해지할 수 없다"[20]고 합니다. 반면, "무단 전대의 경우 임대인은 임차인의 무단 전대가 배신행위일 것을 요하지 아니하고 임대차계약을 해지할 수 있다"고 하는, 반대의 견해를 가진 판례[21]도 있습니다.

그렇다면 전대차와 임차권 양도의 차이를 알아볼 필요가 있습니다. "임차인이 그 영업을 양도하면서 점포도 넘겨주기로 한 계약이

---

[20] 대법원 1993년 4월 13일 선고 92다24950 판결, 대법원 1993년 4월 27일 선고 92다45308 판결
[21] 대법원 1972년 1월 31일 선고 71다2400 판결

영업양도 계약에 부수하여 이루어졌고, 임대차계약서 양식이 아니라 매매계약서 양식을 이용하여 위 계약을 체결하였으며, 양수인과 임차인이 함께 임대인을 찾아가 영업양수인과 새로운 임대차계약을 체결하여줄 것을 요구하였고, 영업을 양도한 이후 위 점포에 관한 임차권의 권리 관계에서 임차인의 지위를 유지시켜야 할 이익을 인정할 수 없다면 양수인과 임차인 사이에서 위 점포를 넘겨주기로 한 계약은 전대차계약이 아니라 임차권의 양도계약이다"라고 한 판례[22]를 통해 전대차와 임차권 양도의 차이를 알 수 있을 것입니다.

'전대차'는 임차인이 임차물을 제3자에게 사용·수익하도록 임대하는 계약으로서 임대인의 동의가 있는 경우에만 허용되며(민법 제629조 1항), 임대인의 동의 없이 무단으로 임차물을 전대한 때에는 임대인은 임대차계약을 해지할 수 있습니다(민법 제629조 2항).

임차인이 임대인의 동의를 얻어 임차물을 전대한 때에는 전차인은 직접 임대인에 대해 의무를 부담하고, 전차인은 전대인에 대한 차임의 지급으로써 임대인에게 대항하지 못합니다(민법 제630조). 그러나 건물의 임차인이 그 건물의 소부분을 타인에게 사용하게 하는 경우에는 임대인의 동의를 요하지 아니합니다(민법 제632조). 임대인의 동의를 얻어 적법하게 전대되었을 경우 임대인은 전대차의 기초인 임대차계약이 해지 통고로 종료되었음을 전차인에게 통

---

[22] 대법원 2001년 9월 28일 선고 2001다10960 판결(임대차 보증금)

지해야 하며, 이 통지를 하지 않으면 임대인은 해지로써 전차인에게 대항하지 못합니다. 그리고 전차인이 통지를 받은 경우 해지의 효력은 그 전차인에 대하여는 일정한 기간(부동산은 6월, 동산은 5일)이 경과해야 생깁니다(민법 제638조, 제635조).

이러한 민법의 해석 기준에 따라 임차인은 임대인의 동의 없이도 권리금을 안정적으로 확보할 수 있도록 다음과 같은 문구를 상가임대차계약서에 적어 넣는 게 바람직합니다.

"임차인은 언제든지 제3자에게 임차권을 양도할 수 있다."

그러나 실무에서는 이러한 특약을 상가임대차계약서에 명시하고 계약을 진행하는 경우가 거의 없습니다. 특수한 경우가 아니라면 그 어떤 임대인도 이런 특약을 상가임대차계약서에 명시하기를 원하지 않을 것입니다.

50

판례와 민법은 이해하기 쉽지 않습니다.
요약하면, 결국 **임대인이 동의해주지 않으면**
제3자에게 **권리금을 받을 수 없나요?**

    2015년, 상가건물임대차보호법이 개정되면서 처음으로 권리금에 대한 법령이 만들어졌습니다. 그 전까지는 권리금에 대한 법적 근거가 없었으므로, 판례와 민법에 따른 해석이 그나마 정확한 해석입니다. 그래서 판례에 근거해 '권리금의 의미'를, 민법에 근거해 '계약의 의미'를 살펴보는 것입니다.

    임대인이 동의하지 않으면 임차인은 권리금을 주장할 수 없습니다. 이것이 일반적 해석입니다. 만일 임대인의 동의 없이 권리를 이전했다면 이는 사기죄에 해당합니다.

임대인의 동의 없이 권리를 이전하면 죄가 되나요?

네, 죄가 됩니다. 바로 사기죄에 해당합니다. 만일 현재 임차인이 임대인의 동의 없이 임차권을 양도하고 신규 임차인으로부터 권리금을 받았다면, 임대인의 동의를 얻지 못했으니, 받은 권리금은 신규 임차인에게 되돌려줘야 합니다.

만일 현재 임차인이 권리금을 돌려주지 않는다면, 신규 임차인은 금전적 손실이라는 피해를 볼 수밖에 없습니다. 즉 임대인의 승인 없이는 임차권을 양도하거나 전대할 수 없음에도 불구하고, 임차인이 신규 임차인에게 임대인의 승낙을 받은 것처럼 거짓말을 한 것입니다. 그리고 이를 믿은 신규 임차인과 임차권 양도계약을 체결하고, 그 보증금 및 권리금 등을 받은 것입니다. 결과적으로 임대인은 신규 임차인에게서 월 임대료를 받는 상황이 되었습니다.

판례에 따르면, 이러한 경우 현재 임차인이 임대인의 동의를 받지 않은 것에 대해 사기죄의 성립이 가능하다고 보고 있으며, 설령 임대인이 신규 임차인으로부터 월 임대료를 받았다 하더라도 사기죄의 성립에는 아무런 지장이 없다[23]고 합니다.

이 판례에 따르면 임차인이 제3의 임차인을 구하는 과정에서 일반적으로 중개업자의 소개를 거치게 되므로, 중개업자는 사기 공모죄에 해당하는 것임을 알 수 있습니다. 따라서 임대인이 계약서에 명시된 계약 기간을 준수하고 계약 기간 중에 임차인의 사정에 의해 임차권을 양도하고자 하는 경우일지라도 임대인이 동의하지 않는다면 권리금 수수는 상당히 어렵다고 볼 수 있습니다.

임대인의 동의 없이 권리금 작업을 하면 사기 행위에 해당된다고 한다. 실제로도 그런가?

점포사업을 위해 2년 약정으로 상가임대차계약을 맺었다. 그런데 불과 1년 만에 장사를 접을 수밖에 없는 상황에 처했다. 매출이 너무 떨어져 월 임대료를 지불하기도 힘든 상황에서 임차인은 임대인을 직접 만나거나 전화로 "장사가 너무 안 돼서 임대료 내기도 벅찹니다. 제가 중개업

---

[23] 대법원 1984년 1월 17일 선고 83도2932 판결(사기)

소에 가게를 내놓아도 될까요?"라고 말한다. 이 경우 대부분의 임대인은 "그렇게 하세요"라고 말한다. 임대인의 이 한마디가 임차권 양도를 동의해준 것이나 마찬가지다.

또는 임차인의 집안 문제나 일신상의 다른 문제로 더 이상 점포사업을 운영할 수 없게 되었을 때, 임차인이 사정 이야기를 하고 가게를 제3자에게 넘기겠다고 하면 대부분의 임대인은 순순히 허락해준다. 이 같은 임대인의 행위도 동의해준 것이 되어 임차인이 권리금을 수령할 수 있는 근거가 된다.

현실적으로 당장 가게 문을 닫을 상황이 되면, 거의 모든 임대인은 임차인에게 '새 임차인을 찾아보라'고 해준다. 그래서 실제로는 '사기죄'로 처벌받는 일이 거의 발생하지 않는다.

만일 끝까지 임대인이 동의해주지 않으면 어떻게 되는가?

임대인의 동의를 받지 못했으므로 임차인은 장사가 잘되든 안 되든 상관없이 약정한 임대차계약 기간을 지켜야 한다. 만일 임차인이 월 임대료를 제때 지불하지 못해도 임대인은 손해 볼 일이 없다. 계약 종료 후 보증금에서 지불하지 않은 월 임대료를 감한 뒤 남은 금액을 임차인에게 되돌려주면 되기 때문이다. 따라서 대부분의 임대인은 자신의 말이 상가임대차계약을 종료한다는 법적 의사표시임을 인지하지 못하는 상황에서 동의를 해준다.

보통의 임대인이 동의해주는 이유가 있을까요?

임대인이 동의해주는 이유로 다음의 두 가지를 들 수 있습니다.

첫째, 심리적 이유입니다. 악의적인 임대인이라는 인상을 심어줄까 봐 두려운 것이지요. 즉 기존 임차인의 개인적인 사정을 배려하지 않고 끝까지 계약 기간을 준수한 자신을 이웃 사람들이 어떻게 생각할지 걱정해서입니다. 지역 사회에서 인간적 배려가 없는 사람으로 인식되면 좋을 게 없으니까요. 또 지역 내 중개업자나 임차인들에게 잘못 보이면, 나중에 새 임차인을 구할 때 지장을 받을 수도 있습니다. 이 같은 심리적 부담감으로 인해 동의해주는 것입니다.

둘째, 금전적 이유입니다. 임대료 상승효과를 기대하며, 임차인의 임차권 양도 요구를 받아들입니다. 임차인들끼리 주고받는 높은 권리금을 묵인하고 동의해주면, 임대차계약 만기가 도래했을 때 임대인이 과도한 임대료를 요구해도 임차인은 순순히 받아들일 수밖에 없습니다. 이미 지불한 권리금을 회수하지 못한 상황에서 임차인은 어떻게든 계약 연장을 하려 할 테니까요. 이 점을 알고 임대인이 임차권을 양도하는 데 동의해주는 것입니다.

53

임대차계약 기간이 상당히 남아 있는데도, 임대인이 동의하면 새로운 임차인과 계약해도 되는 건가요?

네, 그렇습니다. 장기간으로 임대차계약을 맺은 상황에서 임차인에게 불가피한 사정이 생겼을 때를 한번 생각해보세요. 이 경우 어쩔 수 없이 계약 기간 중에 임차권을 양도해야만 하는 상황이 발생할 수 있습니다. 그런 경우 계약 기간 중에 임대인의 동의가 없으면 임차권의 양도는 불가능합니다.

통상적으로 우리나라에서는 장기 임대차계약보다는 1~2년짜리 단기 임대차계약이 많습니다. 따라서 이 기간 중에 불가피한 사정으로 인해 임차권을 양도하는 것은 오히려 계약의 안정성을 해치는 행위로 봅니다. 즉 임대차계약의 주목적이 점포사업을 성공적으로 하려는 데 있는 게 아니라 점포 개설 후 단기간에 고액의 권리금 작업을 진행해 수익을 얻으려 하는 데 있다고 봅니다.

사실 이 같은 악의적인 임차인들이 있습니다. 장사가 잘되는 상황에서 임차권을 양도하는 경우보다는 부실 경영으로 인한 손실을 권리금으로 보상받고자 하는 경우가 현실에는 더 많습니다. 흔히 접하는 상가임대차 시장의 민낯이기도 합니다. 이러한 행위가 반복적으로 차기 임차인에게 전가되면서 어느 시점에 이르면 과도한 권리금이 형성되게 됩니다. 지나치게 높은 권리금을 지불한 임차인은 이를 회수하기 위해 물불 가리지 않을 테고, 이로 인해 권리금 분쟁이 발생할 수 있습니다.

계약의 경제적·사회적 역할은 중요합니다. 계약의 목적은 계약 당사자들을 자유·평등의 법적 인격자로 보고, 각자의 자유의사에 의해 법률관계의 형성을 인정하는 것입니다. 따라서 계약 기간 동안 계약 내용을 준수하든 안 하든, 그것은 두 당사자의 문제입니다.

그러나 잘못된 관행으로 인해 임대차계약의 안정성을 무너뜨리고, 그것이 점포사업을 목적으로 하는 임대차 시장에 악영향을 미친다면 재고해볼 필요가 있습니다. 부실 경영에 대한 책임은 전적으로 점포사업자, 즉 임차인에게 있습니다. 임차인에게 통상 1~2년의 계약 기간을 다 채우지 못할 사정이 있다고 해서 임대인이 꼭 새로운 임차인을 구하는 일을 동의해줄 이유는 없습니다. 따라서 임대인은 동의 여부에 대해 심리적 부담감을 가질 필요는 없습니다.

임대인의 동의는
임대료와 관련이 있나요?

앞에서 권리금을 많이 지불하고 들어온 임차인은 임대인의 임대료 인상 요구를 어쩔 수 없이 승인해야 하는 상황에 빠진다는 사실을 언급했습니다. 이 같은 임차인의 입장을 '홀드 업 문제(Hold-Up Problem)'의 상황이라고 할 수 있습니다.

홀드 업의 사전적 의미는 '손 들어'이지만, 경제학의 게임이론에서는 다른 의미로 사용됩니다. 즉 양자 간의 관계에 있어서 더 적극적인 한쪽이 협상에서 불리해져 상대측에게 '인질'이 된다는 의미로 해석할 수 있습니다. 상가임대차계약이 종료됨과 동시에 임차인 몫의 권리금은 흔적 없이 사라집니다. 이 권리금을 붙잡기 위해선 아무리 부당한 요구라 해도 임차인은 들어줄 수밖에 없습니다. 이러한 관계의 문제점은 거래 전에 양측이 세밀한 계약서를 작성함으로써 해결할 수 있다고 합니다.[24]

　흔히들 권리금계약을 임대인의 동의를 받아 잔여 임대차계약 기간 동안의 임차권을 양도하는 계약이라고 하지만, 그런 경우는 실무에서 거의 없습니다. 대부분은 기존 임대차계약을 파기하고, 임대인과 신규 임차인이 새로운 임대차계약서를 작성하는 경우가 많습니다.

　이때 임대인은 기존 임대료보다 더 높게 책정한 임대료를 요구합니다. 임대인의 입장에서는 현재 임차인에게 받는 임대료와 별 차이가 없다면, 굳이 신규 임차인과 새로이 상가임대차계약을 맺을 이유가 전혀 없습니다. 즉 임대인의 동의는 '더 높은 임대료'라는 전제조건이 있을 때 가능하므로, 현재 임차인은 중개업자와 함께 그러한 신규 임차인을 찾는 데 주력해야 합니다. 결국 높은 임대료가 형성될 가능성이 높습니다.

　합리적인 사고를 가진 임차인이라면 이러한 계약 자체를 거부해야 합니다. 높은 임대료라는 덫에 걸려 점포사업이 실패할 확률이 높기 때문입니다. 계약이 자꾸 불발되면 권리금은 내려갈 것이고, 시간이 흐를수록 권리금이 아예 형성되지 않을 가능성이 커집니다. 이대로 상가임대차계약 기간이 종료되면 현재 임차인은 권리

---

[24] 올리버 윌리엄슨(Oliver Williamson) 캘리포니아대학교 교수는 '홀드 업 문제(hold-up problem)'에 대한 거래비용이론으로 2009년 노벨경제학상을 수상했다.

금을 한 푼도 주장할 수 없기 때문입니다. 그럼에도 불구하고 상가 임대차계약이 성사된다면, 신규 임차인의 입장에서는 다음과 같이 정리할 수 있습니다.

첫째, 사업 타당성 분석을 잘못한 경우입니다. 즉 시장 및 상권 분석에 오류가 있었다고 할 수 있습니다. 간혹 현재 임차인이 장사가 잘되는 모습을 연출하기 위해 지인이나 일반인을 손님으로 가장시키는 경우가 있는데, 이는 분명 '사기'입니다. '사람을 속여 착오를 일으키게 함으로써 일정한 의사 표시나 처분 행위를 하게 하는 일'을 사기라고 정의한다면, 이러한 현재 임차인의 행위는 금전적 이득을 보고자 하는 사기 행위라 할 수 있습니다.

또한 권리금 작업이라는 게 대개는 정확한 정보의 교류 없이 진행되는 경우가 많습니다. 즉 현재 임차인과 중개업자에 의해 가공된 부정확한 정보와 데이터가 신규 임차인에게 전달되는 경우가 대부분입니다. 따라서 현재 관행적으로 벌어지는 일부의 권리금 수수 행위 및 배경은 금전적 이득이라는 부류에서 벗어나지 않습니다.

둘째, 신규 임차인이 시장임대료보다 높은 임대료를 지불하고서도 사업 수익을 창출할 수 있다는 자신감에서 임대차계약서를 작성한 경우입니다. 자신의 사업 능력을 과신하고 있는 상태입니다.

만일 계약 기간 동안 임차인이 점포사업을 성공적으로 영위해나가면 권리금 분쟁이 발생하지 않겠지만, 경영이 순탄치 않다면 분명 문제가 생깁니다. 이때 임차인은 사업적 손실을 최소화하기 위해 권리금에 눈독을 들이게 됩니다. 즉 새로운 임차인에게서 금전적 이득을 취하고자 합니다. 이러한 행위가 반복됨으로써 권리금 문제가 점차 사회 문제로 확대돼 가는 것입니다.

상가임대차계약서 문구 중에 권리금과 관련된 것이 또 있나요?

네, 있습니다. 바로 '원상회복'과 관련된 것입니다.

민법 제615조(차주의 원상회복의무와 철거권)는 "차주(빌리는 사람, 임대차인 경우 임차인)가 차용물을 반환하는 때에는 이를 원상회복하여야 한다. 이에 부속시킨 물건은 철거할 수 있다"라고 규정하고 있습니다.

이에 근거하여 상가임대차계약서에는 "임대차계약이 종료된 경우 임차인은 위 부동산을 원상으로 회복하여 임대인에게 반환한다"라는 문구를 기입합니다. 이때 임대인은 "연체 임대료 또는 손해배상금이 있을 때는 이들을 제하고 그 잔액을 반환한다"라는 문구를 함께 계약서에 기입합니다.

이러한 계약 내용에 따라 임차인은 임대차계약이 종료될 때 점포사업을 위해 설치한 모든 인테리어 시설물들을 제거해야 할 의무를 가집니다. 만일 임차인이 이를 이행하지 않을 경우, 임대인은 철거비용을 제한 보증금을 임차인에게 돌려주면 됩니다.

점포사업이 성공적인 경우에는 시설비용을 임대차계약 기간 동안 회수할 수 있으므로 부담이 없지만, 점포사업이 성공적이지 못한 상황에서 계약 기간이 만료될 시점이 다가오면 임차인은 다급해집니다. 어떻게 해서라도 시설 권리금 명목으로 금전적 이득을 취하고 싶어집니다. 문제는 신규 임차인이 동종 업종이 아닐 경우에는 시설 권리금을 받기 어렵다는 데 있습니다. 따라서 임차인이 원상회복이라는 위험에서 벗어나려면 동종 업종의 신규 임차인을 찾을 수밖에 없습니다.

그런데 실패한 가게를 그대로 인수하면서 권리금을 지불하는 신규 임차인이 있을까요? 상황을 제대로 안다면 절대 지불하지 않을 것입니다. 그래서 현재 임차인은 실패한 사업장을 성공적인 사업장으로 위장해 신규 임차인을 속이고 권리금을 받아냅니다. 이것이 현재 상가임대차 시장에서 자주 나타나는 모습입니다. 또한 이것은 권리금 발생원인이 되기도 하며, 신규 임차인이 부담하는 금전적 손실은 권리금 분쟁의 근본적 원인이 되고 있습니다.

상가임대차계약서에 "권리금을 인정한다"라는 문구를 적어 넣어도 임대인은 권리금을 반환할 의무를 지지 않는다. 그렇다면 "권리금을 인정하지 않는다"라고 명시해놓은 경우에 임차인이 권리금을 주장할 수 있을까?

권리금을 주장할 수 있다. 이에 대한 법적 근거를 만들기 위해 상가건물임대차보호법이 개정되었다. 따라서 임대인이 아무리 권리금을 인정할 수 없다고 주장해도 현재 임차인은 임대차계약 종료 시점에 신규 임차인으로부터 권리금을 받을 수 있다.

상가건물임대차보호법은 강행 규정으로 임차인에게 불리한 내용은 효력이 없다. 대법원 판례가 없어서 정확히 해석하기는 어렵지만, "권리금을 인정하지 않는다"는 것은 향후 임대인에게 권리금 반환을 청구하지 않겠다는 의미로 해석될 여지가 많다. 즉 임차인이 신규 임차인으로부터 받을 수 있는 정당한 권리금을 주장하지 않겠다는 뜻이 아닌 셈이다.

56

상가임대차계약을 맺은 임차인이
장사가 안 돼 가게를 접을 수밖에 없다면,
임차인은 어떤 선택을 할 수 있을까요?

실제로 임차인이 선택할 수 있는 상황은 별로 없습니다. 손실을 최소화하는 최선의 선택은 임대인의 동의를 받아 권리금계약을 진행하는 것뿐입니다. 상가임대차계약서의 가장 기본적인 항목은 임대차 기간입니다. 민법 제618조(임대차의 의의)를 보면, "임대차는 당사자 일방이 상대방에게 목적물을 사용, 수익하게 할 것을 약정하고 상대방이 이에 대하여 차임을 지급할 것을 약정함으로써 그 효력이 생긴다"라고 적혀 있습니다.

일반적으로 문제는 계약 기간이 남아 있음에도 불구하고 임차인이 임대인에게 월 임대료를 지급하지 않을 때 생깁니다. 이러한 경우를 대비해 임대인과 임차인은 월 임대료와는 별도로 보증금을 서로 주고받습니다.[25] 민법 제640조(차임연체와 해지)는 "건물 기타 공작물의 임대차에는 임차인의 차임연체액이 2기의 차임액에 달하는 때에는 임대인은 계약을 해지할 수 있다"라는 내용을 담고 있습니다. 이러한 법조문에 근거해 상가임대차계약서를 작성할 때 "임대인은 임차인이 3기의 차임액에 달하도록 차임을 연체하는 경우 계약을 해지할 수 있다"라는 문구를 적어 넣는 것입니다. 따라서 임대인은 월 임대료가 3회 이상 체불될 경우 기존 계약을 해지하고 새로운 임차인을 구할 수 있습니다. 아니면 보증금에서 체불된 월 임대료만큼 제할 수도 있습니다. 이는 모두 임차인이 아닌 임대인이 선택할 수 있는 방법입니다.

민법에서는 2기의 차임액인데 계약서에는 3기라고 써넣는 이유는 바로 개정된 상가건물임대차보호법 때문입니다. 그 법 제10조의8(차임연체와 해지)에 "임차인의 차임연체액이 3기의 차임액에 달하는 때에는 임대인은 계약을 해지할 수 있다"라고 적혀 있기 때문입니다. 따라서 임대차계약서를 작성할 때는 민법상의 2회보다는 상가건물임대차보호법에 명시된 3회로 작성하게 된 것입니다.

---

[25] 대법원 1987년 6월 23일 선고 87다카 판결, 대법원 1987년 6월 23일 선고 86다카2865 판결, 대법원 1987년 6월 9일 선고 87다카68 판결. "건물임대차에 있어서의 임대보증금은 임대차 기간 중의 임료뿐만 아니라 건물명도의무의 이행에 이르기까지 발생한 손해배상채권 등 임대차계약에 의하여 임차인이 임대인에 대하여 갖는 일체의 채권을 담보하는 것"

이 계약서는 법무부에서 국토교통부·서울시·중소기업청 및 학계 전문가와 함께 민법, 상가건물 임대차보호법, 공인중개사법 등 관계법령에 근거하여 만들었습니다. 법의 보호를 받기 위해 【중요확인사항】(별지)을 꼭 확인하시기 바랍니다.

☐ 보증금 있는 월세
☐ 전세   ☐ 월세

상가건물 임대차 표준계약서

임대인(이름 또는 법인명 기재)과 임차인(이름 또는 법인명 기재)은 아래와 같이 임대차 계약을 체결한다

[임차 상가건물의 표시]

소재지					
토 지	지목		면적		m²
건 물	구조·용도		면적		m²
임차할부분			면적		m²

유의사항: 임차할 부분을 특정하기 위해서 도면을 첨부하는 것이 좋습니다.

[계약내용]

제1조(보증금과 차임) 위 상가건물의 임대차에 관하여 임대인과 임차인은 합의에 의하여 보증금 및 차임을 아래와 같이 지불하기로 한다.

보증금	금		원정(₩)	
계약금	금	원정(₩)	은 계약시에 지급하고 수령함. 수령인(	인)
중도금	금	원정(₩)	은 ___년 ___월 ___일에 지급하며	
잔 금	금	원정(₩)	은 ___년 ___월 ___일에 지급한다.	
차임(월세)	금 (입금계좌:	원정(₩)	은 매월 일에 지급한다. 부가세 ☐불포함 ☐포함)	
환산보증금	금		원정(₩)	

유의사항: ① 당해 계약이 환산보증금을 초과하는 임대차인 경우 확정일자를 부여받을 수 없고, 전세권 등을 설정할 수 있습니다. ② 보증금 보호를 위해 등기사항증명서, 미납국세, 상가건물 확정일자 현황 등을 확인하는 것이 좋습니다.
※ 미납국세 선순위확정일자 현황 확인방법은 "별지" 참조

제2조(임대차기간) 임대인은 임차 상가건물을 임대차 목적대로 사용·수익할 수 있는 상태로   년   월   일까지 임차인에게 인도하고, 임대차기간은 인도일로부터   년   월   일까지로 한다.

제3조(임차목적) 임차인은 임차 상가건물을 (업종)을 위한 용도로 사용한다.

제4조(사용·관리·수선) ① 임차인은 임대인의 동의 없이 임차 상가건물의 구조·용도 변경 및 전대나 임차권 양도를 할수 없다.

② 임대인은 계약 존속 중 임차 상가건물을 사용·수익에 필요한 상태로 유지하여야 하고, 임차인은 임대인이 임차상가건물의 보존에 필요한 행위를 하는 때 이를 거절하지 못한다.

③ 임차인이 임대인의 부담에 속하는 수선비용을 지출한 때에는 임대인에게 그 상환을 청구할 수 있다.

제5조(계약의 해제) 임차인이 임대인에게 중도금(중도금이 없을 때는 잔금)을 지급하기 전까지, 임대인은 계약금의 배액을 상환하고, 임차인은 계약금을 포기하고 계약을 해제할 수 있다.

제6조(채무불이행과 손해배상) 당사자 일방이 채무를 이행하지 아니하는 때에는 상대방은 상당한 기간을 정하여 그 이행을 최고하고 계약을 해제할 수 있으며, 그로 인한 손해배상을 청구할 수 있다. 다만, 채무자가 미리 이행하지 아니할 의사를 표시한 경우의 계약해제는 최고를 요하지 아니한다.

제7조(계약의 해지) ① 임차인은 본인의 과실 없이 임차 상가건물의 일부가 멸실 기타 사유로 인하여 임대차의 목적대로 사용, 수익할 수 없는 때에는 임차인은 그 부분의 비율에 의한 차임의 감액을 청구할 수 있다. 이 경우에 그 잔존부분만으로 임차의 목적을 달성할 수 없는 때에는 임차인은 계약을 해지할 수 있다.

② 임대인은 임차인이 3기의 차임액에 달하도록 차임을 연체하거나, 제4조 제1항을 위반한 경우 계약을 해지할 수 있다.

제8조(계약의 종료와 권리금회수기회 보호) ① 계약이 종료된 경우에 임차인은 임차 상가건물을 원상회복하여 임대인에게 반환하고, 이와 동시에 임대인은 보증금을 임차인에게 반환하여야 한다.
② 임대인은 임대차기간이 끝나기 3개월 전부터 임대차 종료 시까지 「상가건물 임대차보호법」 제10조의4제1항 각 호의 어느 하나에 해당하는 행위를 함으로써 권리금 계약에 따라 임차인이 주선한 신규임차인이 되려는 자로부터 권리금을 지급받는 것을 방해하여서는 아니 된다. 다만, 「상가건물 임대차보호법」 제10조제1항 각 호의 어느 하나에 해당하는 사유가 있는 경우에는 그러하지 아니하다.
③ 임대인이 제2항을 위반하여 임차인에게 손해를 발생하게 한 때에는 그 손해를 배상할 책임이 있다. 이 경우 그 손해배상액은 신규임차인에게 지급하기로 한 권리금과 임대차 종료 당시의 권리금 중 낮은 금액을 넘지 못한다.
④ 임차인은 임대인에게 신규임차인이 되려는 자의 보증금 및 차임을 지급할 자력 또는 그 밖에 임차인으로서의 의무를 이행할 의사 및 능력에 관하여 자신이 알고 있는 정보를 제공하여야 한다.
제9조(재건축 및 계획과 갱신거절) 임대인이 계약 체결 당시 공사시기 및 소요기간 등을 포함한 철거 또는 재건축 계획을 임차인에게 구체적으로 고지하고 그 계획에 따르는 경우, 임대인은 임차인이 상가건물 임대차보호법 제10조제1항 제7호에 따라 계약갱신을 요구하더라도 계약갱신의 요구를 거절할 수 있다.
제10조(비용의 정산) ① 임차인은 계약이 종료된 경우 공과금과 관리비를 정산하여야 한다.
② 임차인은 이미 납부한 관리비 중 장기수선충당금을 소유자에게 반환 청구할 수 있다. 다만, 임차 상가건물에 관한 장기수선충당금을 정산하는 주체가 소유자가 아닌 경우에는 그 자에게 청구할 수 있다.
제11조(중개보수 등) 중개보수는 거래 가액의   %인   원(부가세 ▪불포함 ▫포함)으로 임대인과 임차인이 각각 부담한다. 다만, 개업공인중개사의 고의 또는 과실로 인하여 중개의뢰인간의 거래행위가 무효·취소 또는 해제된 경우에는 그러하지 아니하다.
제12조(중개대상물 확인·설명서 교부) 개업공인중개사는 중개대상을 확인·설명서를 작성하고 업무보증관계증서(공제증서 등) 사본을 첨부하여 임대인과 임차인에게 각각 교부한다.

[특약사항]
① 입주전 수리 및 개량, ② 임대차기간 중 수리 및 개량, ③ 임차 상가건물 인테리어, ④ 관리비의 지급주체, 시기 및 범위, ⑤ 귀책사유 있는 채무불이행 시 손해배상액예정 등에 관하여 임대인과 임차인은 특약할 수 있다.

....
....
....

본 계약을 증명하기 위하여 계약 당사자가 이의 없음을 확인하고 각각 서명·날인 후 임대인, 임차인, 개업공인중개사는 매 장마다 간인하여, 각각 1통씩 보관한다.   년   월   일

임대인	주소						서명 또는 날인
	주민등록번호 (법인등록번호)			전화		성명 (회사명)	
	대리인	주소		주민등록번호		성명	
임차인	주소						서명 또는 날인
	주민등록번호 (법인등록번호)			전화		성명 (회사명)	
	대리인	주소		주민등록번호		성명	
개업공인중개사	사무소소재지			사무소소재지			
	사무소명칭						
	대표	서명 및 날인		대표	서명 및 날인		
	등록번호		전화	등록번호		전화	
	소속공인중개사	서명 및 날인		소속공인중개사	서명 및 날인		

57

과도한 권리금의 기준이 있나요?

저는 현재 발생하는 대부분의 권리금은 '과도한 권리금'이라고 판단합니다. 2013년, 저는 서울시 전 지역 25개구를 대상으로 전철역에서 10분 거리 이내에서 권리금이 형성된 상가 4800여 개를 조사한 적이 있습니다. 그 결과 단위면적당(3.3m^2) 평균 권리금은 282만 원, 보증금은 173만 원이었습니다. 즉 보증금의 1.6배가 권리금 가액으로 조사되었는데, 달리 표현하면 권리금의 약 60% 수준이 보증금이라는 말입니다. 물론 지역, 상권 규모, 동선 등에 따라 그 차이는 있으나, 서울 역세권 전 지역을 대상으로 약 4800여 상가를 조사한 데이터이므로 객관성을 지녔다고 볼 수 있습니다.

임대인과 임차인의 관계에서는 보증금이 문제의 발단이 되지만,

임차인 간의 관계에서는 권리금이 문제의 발단이 됩니다. 그런데 권리금 분쟁은 임대인과 임차인이 맺는 임대차계약서로는 해결할 수 없습니다. 따라서 상당한 위험 요소가 신규 임차인에게 전가되고 있음을 감지할 수 있습니다.

권리금 수수는 권리금계약에 의해 이루어집니다. 또 이것은 임대차계약에 부종하는 계약이므로, 임대차계약이 종료되면 권리금계약도 소멸한다고 이야기했습니다.

민법 제103조(반사회질서의 법률행위)의 내용은 "선량한 풍속 기타 사회질서에 위반한 사항을 내용으로 하는 법률행위는 무효이다"입니다. 제104조(불공정한 법률행위)에는 "당사자의 궁박, 경솔 또는 무경험으로 인하여 현저하게 공정을 잃은 법률행위는 무효로 한다"는 규정이 담겨 있습니다.

이 법조항에 따르면, 회수 여부가 불분명한 고액의 권리금을 주고받는 행위는 민법 제103조와 제104조의 사회질서에 적합하다고 혹은 공정한 법률행위라고 보기 어렵습니다. 그렇다면 보증금의 1.6배 수준에서 거래되는 권리금의 대부분은 '과도한 권리금'이라고 봐야 한다는 것이 저의 생각입니다.

58

보증금보다 권리금이 더 많은 것은 모순 아닌가요?

부동산학에서 이야기하는 재산권은 사용·수익·처분을 할 수 있는 권리가 있을 때 해당됩니다. 상가건물에 대한 소유권을 가진 임대인은 당연히 건물에 대한 사용·수익·처분권의 권한이 있습니다. 여기서 임대인은 일정 기간, 즉 계약 기간 동안만 사용할 수 있는 권한을 임대차계약에 의해 임차인에게 넘겨준 것입니다.

그렇다면 현재 권리금을 재산권으로 해석하여 보호해줘야 한다는 주장을 펼친 이유는 무엇일까요?

그것은 고액의 권리금이 임차인의 재산에서 차지하는 비중이 크다는 것과 현 제도에서는 현재 임차인이 전 임차인에게 이미 지급한 권리금을 회수할 법적 제도가 없다는 것에 근거한 주장입니다.

이러한 배경에서 2015년 상가건물임대차보호법 개정안이 만들어진 것으로 보입니다. 이는 이성적 사고보다는 감성적 사고로 접근한 것으로, 사회적 약자인 임차인의 권리금을 안정적으로 회수할 수 있도록 도와줘야 한다는 논리로 보입니다. 그러나 점포사업을 하는 모든 임차인들에게 해당되지는 않으며, 권리금이 형성된 일부 상가에 국한된 논리입니다. 따라서 상당히 조심스럽게 접근해야 할 문제입니다.

상가건물임대차보호법의 취지는 영세사업자를 보호해주자는 데 있습니다. 이러한 관점에서 보면, 수억 원의 권리금을 지불하는 임차인들이 과연 영세사업자인지는 모두가 다시 한 번 고민해봐야 합니다. 형평성에 있어서 문제가 발생할 수 있습니다.

또한 헌법에서 보장하는 재산권이란, 사법상·공법상의 경제적 가치가 있는 모든 권리를 말합니다. 이런 의미에서 권리금은 사실 재산권에 해당되지 않는다고 할 수 있습니다. 즉 권리금은 임대차계약서의 주된 내용이 아니므로, 사법상·공법상의 권리로 보호받지 못합니다.

그런데도 임대인이 법적인 제도에서 수수하는 보증금(반환하는 금액)보다 임차인이 권리금계약으로 수수하는 권리금(반환하지 않는 금액)이 더 큰 현상이 임대차계약 시장에서 공공연히 나타나고 있다면, 이는 잘못된 시장 관행이라고 할 수 있습니다. 또 공공

복리[26]에 적합한 것인지 의문을 가질 수밖에 없습니다.

더군다나 임차인이 계약자유의 원칙에 따라 임대차계약을 맺고 점포사업을 하던 중에 손실이 발생했다고 하여 정부기관이나 임대인이 그 부담을 질 이유는 더더욱 없습니다. 계약도, 점포사업도 임차인이 전적으로 판단한 것이지, 누군가가 등 떠밀어 억지로 한 것이 아니기 때문입니다. 게다가 일정 기간 동안만 사용·수익에 대한 권한을 임대인으로부터 받은 임차인이 임대인보다 더 큰 재산권을 행사한다는 것도 모순입니다.

국민경제에 악영향을 끼치는 잘못된 관행이 임대차계약의 허점과 악의적인 이해관계자들에 의해 나타났다면, 이를 인정할 것이 아니라 보다 근본적인 대책을 세우는 것이 더 적절한 대응이라고 생각합니다.

사례

내 강연을 들은 인연으로 내게서 상가투자 자문을 받았던 안성준 씨, 그는 2012년 광명시 소하동에 있는 신축상가 1층 점포를 9억 원에 분양받았다. 분양 대금은 20여 년간 모은 6억 원에 대출금 3억 원을 더해 마련했다. 그리고 안 씨는 분양받은 상가를 보증금 8천만 원, 월 임대료 330만 원에 임대했다.

그로부터 3년쯤 지난 2015년 여름, 현재 임차인에게 재계약 의

---

[26] 헌법 제23조 2항 "재산권의 행사는 공공복리에 적합하도록 행사하여야 한다."

사가 없음을 알았다. 계약 기간이 약 6개월쯤 남아 있는 시점이었다. 상가임대차계약 종료 시점에 임박하면 신규 임차인을 못 구할 가능성이 있다고 판단한 안 씨는 현재 임차인에게 점포를 중개업소에 내놓으라고 했다. 얼마 뒤 안 씨는 보증금 8천만 원은 조정하지 않고, 월 임대료만 30만 원 더 올려 받아 360만 원에 새로운 임차인과 임대차계약을 맺었다.

그런데 이 과정에서 현재 임차인이 신규 임차인으로부터 1억 원의 권리금을 받았다는 사실을 나중에 알았다. 안 씨는 뭔가 이상하다는 생각이 들었다. 자신이 3년 동안 임차인으로부터 받은 임대료와 거의 비슷한 수준의 금액을 임차인이 신규 임차인에게서 권리금 명목으로 받은 것이다. 솔직히 좀 억울한 생각도 들었다. 자신은 상당한 위험 부담을 안고 상가투자를 했는데, 임차인은 가만히 앉아서 고수익을 얻은 것 같아 속상했다.

안 씨가 생각하기에 임차인이 점포에 투자한 금액은 인테리어 비용으로 지출한 약 5~6천만 원 정도가 전부였다. 그 비용도 임차인이 계약 기간 동안 장사하면서 벌어들인 이익으로 다 회수했을 가능성이 컸다.

나와 저녁식사를 하며 안성준 씨는 울분을 토했다. 투자 위험을 안고 고액의 상가투자를 한 임대인보다 임차인이 권리금으로 더 많은 수익을 낼 수 있는 시장 구조가 잘 이해되지 않는다고 하소연했다.

5장

개정된 상가건물임대차보호법, 이렇게 따져보세요

2015년 5월 상가건물임대차보호법을 개정한 이유는 무엇인가요?

2015년 5월, 상가건물임대차보호법이 일부 개정되었습니다. 개정안의 핵심은 권리금에 대한 것들입니다. 국회에서 법률안을 통과시키면서 개정 이유를 다음과 같이 밝혔습니다.

"현행법은 임차인이 투자한 비용이나 영업 활동의 결과로 형성된 지명도나 신용 등의 경제적 이익이 임대인의 계약 해지 및 갱신 거절에 의해 침해되는 것을 그대로 방치하고 있음. 그 결과 임대인은 새로운 임대차계약을 체결하면서 직접 권리금을 받거나 임차인이 형성한 영업적 가치를 아무런 제한 없이 이용할 수 있게 되지만, 임차인은 다시 시설비를 투자하고 신용 확보와 지명도 형성을 위하여 상당 기간 영업 손실을 감당하여야 하는 문제점이 발생하고 있음. 이러한 문제점을 해결하기 위하여 임차인에게는 권리금 회수 기회를 보장하고, 임대인에게는 정당한 사유 없이 임대차계약의 체결을 방해할 수 없도록 방해금지의무를 부과하는 등 권리금에 관한 법적 근거를 마련하려는 것임. 또한 이해관계자에게 상가건물 임대차에 대한 확정일자 부여 등의 임대차 정보를 제공받을 수 있도록 하고, 상가건물 임대차계약에 관한 표준계약서와 권리금계약에 관한 표준권리금계약서를 마련하여 사용을 권장하도록 하는 등 상가임차인 보호를 더욱 강화하려는 것임."

첫 문장에 '임차인이 투자한 비용'이라는 용어가 나오는데, 이 문구는 '시설 권리금'을 지칭하는 것으로 보면 됩니다. 그다음에 '영업 활동의 결과로 형성된 지명도나 신용 등의 경제적 이익'이라는 문구는 '영업 권리금'으로 해석할 수 있습니다. 이러한 것을 임대인의 계약 해지 및 갱신 거절 때문에 보호받을 수 없다면 임차인에게 불이익이므로, 임차인에게 권리금 회수 기회를 주고 임대인이 임차인들끼리 권리금을 주고받는 행위를 방해하지 못하도록 법적 근거를 만든다는 것이 상가건물임대차보호법을 개정한 이유입니다.

60

'지역 권리금'에 대한 언급은 개정 이유에 없나요?

지역 권리금에 대한 언급은 없다고 봐야 합니다. 개정 이유를 한마디로 요약하면, "현재 임차인이 신규 임차인으로부터 권리금을 받을 수 있도록 보호해주겠다. 임대인은 그 일을 방해하지 말라"는 것입니다. 따라서 임차인이 받을 수 있는 시설 권리금과 영업 권리금 외에는 따로 언급할 수가 없는 것입니다. 지역 권리금(점포 위치에 따른 영업적 이익)은 임대인이 받을 수 있는 권리금이기 때문입니다.

그렇다면 역으로 "임대인이 지역 권리금을 받는 행위를 현재 임차인은 방해하지 말라"는 뜻으로 해석할 수도 있을까요? 이 문제는 앞으로 논쟁거리가 될 것이고, 소송의 불씨가 될 것으로 보입니다. 그러나 더 큰 논쟁거리는 현재 임차인을 보호해주자는 내용입니다. 신규 임차인에 대한 관심은 전혀 없습니다.

좀 과장된 표현이지만, 신규 임차인이 권리금을 지불해서 망하든 말든 또는 권리금 가액이 합당하든 말든 상관없이 현재 임차인이 권리금을 받을 수 있도록 하자는 것이 이 법의 취지입니다. 저는 "뭔가 잘못된 법이 아닌가" 하는 의구심을 떨칠 수가 없습니다.

61

개정된 법률안에
허점이 많은가요?

네, 저는 그렇게 생각합니다. 상가임대차 시장을 알고, 권리금 형성 및 이해관계를 알고 있는 전문가라면 이런 법률안을 절대 만들지 않았을 것입니다.

충분한 검토 과정 없이 강행한 입법들이 나중에 문제를 일으킨 사례는 많습니다. 현실에 대한 면밀한 분석 없이 입안되었다가, 사회적 비판이 거세지면 개정을 반복하는 경우입니다. '아니면 말고' 식의 법률안은 전형적인 포퓰리즘(Populism: 대중의 견해와 바람을 대변한다고 주장하는 정치 형태)의 산물이라고 생각합니다.

어쨌든 2015년에 개정된 상가건물임대차보호법은 현재 임차인들을 배려한 법률 같지만, 권리금을 주고받는 실제 과정에서는 오히려 임대인들에게 유리한 법률이 될 가능성이 큽니다. 특히 현재 임차인을 보호하려는 취지로 만들어졌으므로 악용될 소지도 다분합니다.

개정된 법률안은
결국 누구에게 유리한가요?

개정 이유를 다시 살펴보겠습니다. "임차인이 투자한 비용이나 영업 활동의 결과로 형성된 지명도나 신용 등의 경제적 이익이 임대인의 계약 해지 및 갱신 거절에 의해 침해되는 것을 그대로 방치하고 있음. 그 결과 임대인은 새로운 임대차계약을 체결하면서 직접 권리금을 받거나 임차인이 형성한 영업적 가치를 아무런 제한 없이 이용"이란 문구를 유심히 봐야 합니다. 이 문구에서 전달하고 싶은 내용은 다음과 같습니다.

① 임대인이 계약 해지 또는 갱신 거절을 한다.
② 그래서 임차인이 점포사업을 지속하지 못하게 돼 손해를 본다.

③ 임차인이 받아야 할 권리금을 임대인이 받는 경우도 있다.
④ 임대인이 임차인과 계약 갱신을 하지 않고 임차인이 했던 점포사업을 본인이 한다.

임대인 입장에서는 계약 기간이 남아 있을 경우 계약을 해지하지 않으면 되는 것이고, 상가건물임대차보호법에 따라 임차인의 갱신 요구 5년을 보장하면 ①은 해결됩니다. 그런데 임차인의 점포사업이 실패로 끝날 경우 문제가 생깁니다. 이 경우 임차인은 계약해지를 요청해야 하나, 임대인이 계약 기간이 남았다고 거절할 것입니다. 임대인의 동의를 받아 새로운 임차인에게 영업 양도를 해야 하나, 이 또한 임대인이 동의해주지 않으면 그만입니다. 이래나 저래나 힘든 사람은 임차인뿐입니다.

잘되는 점포라 하더라도 5년을 보장해주면 됩니다. 5년 뒤에는 계약을 갱신하든, 안 하든 임대인이 자유롭게 선택할 수 있습니다. 임대인 입장에서는 불리할 것이 전혀 없습니다. 그러면 ②도 해결됩니다. ③의 경우 임대인이 신규 임차인으로부터 권리금을 받는 것이 문제라면, 이는 소송을 통해 지역 권리금을 주장하면 됩니다. 골치 아픈 소송을 피해가고 싶다면, 지역 권리금을 포기하고 월 임대료를 올려 받으면 됩니다. 이로써 ③도 해결됩니다.

④의 경우는 아주 극소수입니다. 일부 지역에서 희박하게 발생하는 경우입니다. 이런 임대인은 사실 악의적인 임대인입니다. 그러나 임대인이 1천 명이라면, 그 가운데 이런 임대인이 몇 명이나

있겠습니까? 발생하기는 하나, 아주 극소수입니다. 임대인은 임대수익을 내는 게 목적이지, 직접 장사해서 수익을 내는 것이 목적이 아닙니다. 만일 이런 임대인이 있다면 임차인은 손해배상을 청구하면 됩니다.

    문제는 계약 기간 5년을 보장한 경우에 생깁니다. 임대인에게 손해배상 청구를 하더라도 다툼의 여지가 충분히 있습니다. 임대인이 직접 점포사업을 하는 게 아니라 제3자 명의로 점포사업을 하는 경우라면 상황은 더욱 복잡해집니다. 따라서 향후 소송에 따른 법원의 판례를 지켜봐야 할 것입니다.

63

개정된 법률안에는 권리금에 대한 정의가 들어 있나요?

네, 있습니다. 이번엔 판례가 아닌 법조문으로 권리금을 정의 내렸습니다. 신설된 조문을 보겠습니다.

> **제10조의3(권리금의 정의 등)** ① 권리금이란 임대차 목적물인 상가건물에서 영업을 하는 자 또는 영업을 하려는 자가 영업시설·비품, 거래처, 신용, 영업상의 노하우, 상가건물의 위치에 따른 영업상의 이점 등 유형·무형의 재산적 가치의 양도 또는 이용 대가로서 임대인, 임차인에게 보증금과 차임 이외에 지급하는 금전 등의 대가를 말한다. ② 권리금계약이란 신규 임차인이 되려는 자가 임차인에게 권리금을 지급하기로 하는 계약을 말한다.

여기서 ①항은 판례 내용을 그대로 가져온 문구입니다. 대법원 판례[27]에서는 권리금을 "영업용 건물의 영업시설, 비품 등의 유형물이나 거래처, 신용, 영업상의 노하우 또는 점포 위치에 따른 영업상의 이점 등 무형의 재산적 가치의 양도 또는 일정 기간 동안의 이용 대가"라고 정의 내렸습니다. 법조문과 거의 똑같은 문구입니다.

그런데 법조문에는 '상가건물의 위치에 따른 영업상의 이점'이 언급돼 있습니다. 이 문구는 '지역 권리금'을 지칭합니다. 따라서 개정 이유에는 없던 지역 권리금을 의미하는 문구가 법조문에는 포함돼 있음을 알 수 있습니다.

②항에서는 신규 임차인이 임차인에게 금전을 지급하는 것을 '권리금계약'이라고 정의하였습니다. 달리 말하면, 임대인이 임차인으로부터 금전을 받는 행위는 권리금계약이 아니라고 할 수 있는 근거가 됩니다. 이는 나중에 분쟁의 소지가 될 가능성이 큽니다. 그 이유는 '권리금의 정의'와 관련된 법조문에 있습니다. 시설 권리금, 영업 권리금, 지역 권리금으로 해석되도록 해놓았을 뿐만 아니라 임대인도 권리금을 받을 수 있다고 명시해뒀습니다.

결과적으로 임차인이 주장할 수 있는 권리금은 시설 권리금과 영업 권리금이므로, 임대인이 지역 권리금을 받을 경우 별도의 권

---

[27] 대법원 2002년 7월 26일 선고 2002다25013 판결,
대법원 2011년 11월 12일 선고 2001다20394, 20400 판결

리금계약서를 작성하지 않아도 된다는 논리가 성립될 수 있습니다. 이 때문에 개정된 법률안이 임대인에게 유리하게 작용될 가능성이 크다고 볼 수 있는 것입니다. 그 이유는 다음과 같습니다.

① 임대인도 권리금을 받을 수 있다고 법조문에 명시하였다.
② 권리금계약은 임대인과 관계가 없다고 해석할 수 있다.
③ 임대인이 상가임대차계약 기간을 준수한다.
④ 상가임대차계약이 종료되면 권리금은 임대인만 받을 수 있는 것으로 귀결이 된다.

권리금 회수와 관련된 조항은 임차인에게 유리한가요?

그렇습니다. 2015년 개정된 상가건물임대차보호법에는 '권리금 회수'와 관련된 내용이 명시돼 있습니다.

> **제10조의4(권리금 회수기회 보호 등)** ① 임대인은 임대차 기간이 끝나기 3개월 전부터 임대차 종료 시까지 다음 각 호의 어느 하나에 해당하는 행위를 함으로써 권리금계약에 따라 임차인이 주선한 신규 임차인이 되려는 자로부터 권리금을 지급받는 것을 방해하여서는 아니 된다. 다만, 제10조 제1항 각 호의 어느 하나에 해당하는 사유가 있는 경우에는 그러하지 아니하다.

1. 임차인이 주선한 신규 임차인이 되려는 자에게 권리금을 요구하거나 임차인이 주선한 신규 임차인이 되려는 자로부터 권리금을 수수하는 행위
  2. 임차인이 주선한 신규 임차인이 되려는 자로 하여금 임차인에게 권리금을 지급하지 못하게 하는 행위
  3. 임차인이 주선한 신규 임차인이 되려는 자에게 상가건물에 관한 조세, 공과금, 주변 상가건물의 차임 및 보증금, 그 밖의 부담에 따른 금액에 비추어 현저히 고액의 차임과 보증금을 요구하는 행위
  4. 그 밖에 정당한 사유 없이 임대인이 임차인이 주선한 신규 임차인이 되려는 자와 임대차계약의 체결을 거절하는 행위

② 다음 각 호의 어느 하나에 해당하는 경우에는 제1항 제4호의 정당한 사유가 있는 것으로 본다.
  1. 임차인이 주선한 신규 임차인이 되려는 자가 보증금 또는 차임을 지급할 자력이 없는 경우
  2. 임차인이 주선한 신규 임차인이 되려는 자가 임차인으로서의 의무를 위반할 우려가 있거나 그 밖에 임대차를 유지하기 어려운 상당한 사유가 있는 경우
  3. 임대차 목적물인 상가건물을 1년 6개월 이상 영리목적으로 사용하지 아니한 경우
  4. 임대인이 선택한 신규 임차인이 임차인과 권리금계약을 체결하고 그 권리금을 지급한 경우

③ 임대인이 제1항을 위반하여 임차인에게 손해를 발생하게 한 때

> 에는 그 손해를 배상할 책임이 있다. 이 경우 그 손해배상액은 신규 임차인이 임차인에게 지급하기로 한 권리금과 임대차 종료 당시의 권리금 중 낮은 금액을 넘지 못한다.
> ④ 제3항에 따라 임대인에게 손해배상을 청구할 권리는 임대차가 종료한 날부터 3년 이내에 행사하지 아니하면 시효의 완성으로 소멸한다.
> ⑤ 임차인은 임대인에게 임차인이 주선한 신규 임차인이 되려는 자의 보증금 및 차임을 지급할 자력 또는 그 밖에 임차인으로서의 의무를 이행할 의사 및 능력에 관하여 자신이 알고 있는 정보를 제공하여야 한다.

①항을 보면 '임대인은 임대차 기간이 끝나기 3개월 전부터 임대차 종료 시까지'라는 문구가 나옵니다. 즉 현재 임차인이 신규 임차인에게 권리금을 받을 수 있는 기간은 '임대차 종료 전 3개월'입니다. 이 기간에만 신규 임차인으로부터 현재 임차인이 권리금을 받을 수 있습니다. 임대인은 3개월만 버티면 되는 것입니다. 이 조문으로 인해 현재 임차인이 신규 임차인으로부터 당당히 권리금을 수령할 수 있게 되었습니다.

하지만 여기엔 3개월이라는 시간의 제약이 있습니다. 왜 임차인이 임대인에 비해 유리하다고 말하기 어려운지 아시겠지요?

65

'임대차 종료 전 3개월'이라는 기간이 아니면 권리금계약을 못하나요?

아닙니다. 할 수는 있습니다. 단, 임대인의 동의가 필요합니다. 만일 임대인이 동의해주지 않으면 권리금계약을 진행할 수 없습니다. 지금까지는 대부분의 임대인들이 현재 임차인의 사정을 이해해서 동의해주었고, 그러면 현재 임차인은 점포를 중개업소에 내놓은 후 신규 임차인과 권리금을 주고받았습니다.

그런데 이번에 개정된 법률안에 '권리금계약은 임대차 기간이 끝나기 3개월 전'이라고 명시해놓았기 때문에 임대인이 그전에 굳이 동의할 필요성이 없어졌습니다. 개정안이 나오기 전에는 임차인과의 다툼을 꺼려 대부분의 임대인들이 동의해주었는데, 이제는 법대로 하자고 주장할 가능성도 있습니다.

따라서 '3개월 전'이 아니라면 임대인의 동의 여부가 지금까지의 상가임대차 시장과 다르게 이제는 임대인이 동의를 안 해주는 현상이 일반화될 가능성이 큽니다. 즉 법률안이 통과되면서 임대인이 계약의 중요성을 인식하게 되었다는 말입니다. 임대인 자신도 법에 근거해 권리금을 받을 수 있다는 사실을 인지하게 된 것입니다.

예를 들어 장사가 안 돼 고전하고 있는 임차인이 있다고 가정해봅시다. 현재 남아 있는 계약 기간은 3개월 이상인데, 임대인은 새 임차인에게 점포를 넘기는 일에 동의해주지 않는 상황입니다. 이 경우 현재 임차인은 다음의 두 가지 중 하나를 선택할 수밖에 없습니다.

첫째, 권리금을 포기하고 임대인에게 계약 해지를 요구하는 것.
둘째, 권리금을 받을 수 있는 기회를 만들고자 보증금이 다 없어질 때까지 '울며 겨자 먹기'로 버티는 것.

현재 임차인이 어떤 선택을 하든지, 임대인 입장에서는 손해 볼 일이 없습니다. 따라서 최대한 버티다가 계약 종료 전 3개월 시점부터 현재 임차인은 신규 임차인을 찾기 위해 노력할 테지요. 그런데 스스로 찾을 수 있을까요? 거의 희박합니다. 결국 중개업소의 도움을 받을 수밖에 없습니다.

임대인은 현 임차인이 구한 새 임차인과 무조건 계약해야 하나요?

네, 기본적으로는 그렇습니다. 앞에서 상가건물임대차보호법 제10조의4를 살펴봤습니다. 여기에 명시된 ①항의 세부 내역, 즉 다음의 네 가지 사유는 임대인이 절대 해서는 안 되는 행위입니다.

> 1. 임차인이 주선한 신규 임차인이 되려는 자에게 권리금을 요구하거나 임차인 주선한 신규 임차인이 되려는 자로부터 권리금을 수수하는 행위
> 2. 임차인이 주선한 신규 임차인이 되려는 자로 하여금 임차인에게 권리금을 지급하지 못하게 하는 행위

> 3. 임차인이 주선한 신규 임차인이 되려는 자에게 상가건물에 관한 조세, 공과금, 주변 상가건물의 차임 및 보증금, 그 밖의 부담에 따른 금액에 비추어 현저히 고액의 차임과 보증금을 요구하는 행위
> 4. 그 밖에 정당한 사유 없이 임대인이 임차인이 주선한 신규 임차인이 되려는 자와 임대차계약의 체결을 거절하는 행위

이 문구들 때문에 분쟁이 발생할 소지가 많습니다. 제1호와 제2호의 행위는 거의 대부분의 임대인들이 하지 않을 것입니다. 그러나 신규 임차인이 현재 임차인에게 권리금을 지급할 때, 자신에게도 지역 권리금을 달라고 요청하는 임대인은 나타날 수 있습니다. 이러한 행위가 법조문에 명시된 방해 행위에 해당하는 것인지, 아니면 임대인의 당연한 권리인지는 법원에서 판단할 문제입니다. 만일 법정 소송으로 진행될 경우엔 임차인이 주장하는 권리금 가액이 과연 합당한지, 아닌지를 냉정하게 판단해야 하는 상황이 될 수밖에 없습니다. 그러면 처음에 현재 임차인이 받고자 했던 권리금 가액은 감액될 확률이 아주 높습니다. 물론 지역 권리금을 요구하는 임대인이 없으면 아무런 문제가 발생하지 않습니다.

임대인이 지역 권리금을 주장할 수 있으므로, 이는 권리금을 받고자 하는 현재 임차인과 분쟁의 씨앗이 될 수밖에 없습니다. 임차인이 주선한 신규 임차인으로부터 그 어떤 권리금도 받지 말라고 명시한 제1호의 문구 때문입니다. 이를 달리 해석하면, 임대인이

주선한 신규 임차인이라면 권리금을 받을 수 있다는 의미로 받아들일 수 있습니다. 법조문은 계속적으로 '임차인이 주선한 신규 임차인'이라는 전제를 내세우고 있습니다.

결국 임대인이 시설 권리금이나 영업 권리금을 받는다면, 앞의 조문에 근거해 임대인은 방해하는 행위를 한 것으로 판단됩니다. 그러나 임대인이 오직 지역 권리금만을 주장하는 경우라면 앞의 조문을 어떻게 해석할지에 대해 의견이 분분할 것입니다. 이는 논쟁의 발단이 되겠지요. 결국 소송으로 판가름할 수밖에 없는 상황이 됩니다. 앞으로 어떻게 결론이 날지, 대법원의 판례를 기다려봐야 합니다.

제3호의 내용 중 '현저히 고액의 차임과 보증금을 요구하는 행위'도 임대인이 해서는 안 되는 일입니다. 그러나 '현저히 고액의 차임과 보증금'이라는 조건이 애매모호할 수밖에 없습니다. 만일 현재 임차인에게서 현저히 낮은 차임과 보증금을 받았던 임대인이 신규 임차인에게 "이 지역의 평균 차임과 보증금을 적용해 높여 받겠다"라고 한다면, 그것을 현저히 고액의 차임과 보증금으로 해석할 수 있을까요?

더군다나 5%, 10%, 15% 인상 중 어느 정도가 현저히 고액인지 그 누구도 정확히 판단할 수가 없습니다. 즉 임대료를 15% 정도 올렸음에도 주변 상가들과 비슷한 임대료 수준이라면 어떻게 해석해야 할까요? 과연 현저하다고 표현할 수 있을까요? 이 문제는 논쟁거리가 될 수밖에 없습니다.

더욱이 상가건물임대차보호법의 적용대상인 상가라면, 상가건물임대차보호법 시행령 제4조(차임 등 증액청구의 기준)의 내용에 따라 9% 내에서 증액이 가능하지만, 적용대상 상가가 아니라면 얼마가 되든 상관없습니다.

> **제4조(차임 등 증액청구의 기준)** 법 제11조 제1항의 규정에 의한 차임 또는 보증금의 증액청구는 청구 당시의 차임 또는 보증금의 100분의 9의 금액을 초과하지 못한다.

권리금에 대한 규정은 상가건물임대차보호법 제2조(적용범위) 제3항에 명시돼 있습니다.

> **제2조(적용범위)** ③ 제1항 단서에도 불구하고 제3조, 제10조 제1항, 제2항, 제3항 본문, 제10조의2부터 제10조의8까지의 규정 및 제19조는 제1항 단서에 따른 보증금액을 초과하는 임대차에 대하여도 적용한다.

따라서 권리금에 대한 내용들은 모든 상가임대차계약에 적용되지만, 차임 등의 증감청구권에 대한 내용은 상가건물임대차보호법 제11조에 명시돼 있으므로 일부 상가들은 임대인들과 임차인들 간에 다툼이 생길 수 있습니다.

제4호 문구에도 문제점이 있습니다. 재산권 침해로 볼 수 있다는 점입니다. 점포에 대해 사용·수익·처분 권한을 가진 사람은 임대인입니다. 임대인은 일정 계약 기간에 한해 현재 임차인에게 사용권을 허락한 것입니다. 그럼에도 불구하고 소유권을 가진 임대인이 새로운 임차인을 선택하는 것이 아니라, 계약관계가 끝나는 임차인이 새로운 임차인을 선택합니다. 이는 건물주가 임차인을 선택할 수 있는 권리를 침해하는 행위입니다. 이러한 이유로 제4호 문구가 현실에서는 분쟁의 씨앗이 될 가능성이 아주 큽니다.

67

언론에서는 제10조의4 제2항 제3호 문구 ("임대차 목적물인 상가건물을 1년 6개월 이상 영리 목적으로 사용하지 아니한 경우")에 대한 문제제기가 있습니다. **앞으로 권리금 분쟁이 늘어날 것이라 예상하는 이유는 무엇인가요?**

제10조의4 제2항 제3호의 내용은 임대인이 신규 임차인과 계약을 하지 않아도 되는 경우 중 하나입니다. 그런데 실제로 이렇게 할 임대인은 거의 없습니다. 이 조문 때문에 개정된 상가건물임대차보호법이 임차인의 입장을 충분히 반영하지 않았으며 임대인에게 유리한 법률이라고 주장한다면, 그것도 하나의 주장이기 때문에 가능성은 있습니다. 그러나 임대인 입장에서는 월 임대료를 받는 것이 점포를 세놓는 주목적입니다.

물론 아주 특수한 경우도 있습니다. 예를 들면 건물주인 임대인이 개인적인 사정으로 비영리로 상가를 직접 사용한다든지, 아니면 타 기관에서 사용할 수 있도록 하는 경우입니다.

그런데 비영리를 이유로 점포를 공짜로 빌려줄 임대인이 과연 몇이나 될까요? 너무 비현실적인 내용입니다. 개정된 법의 근본적인 문제는 현재 임차인의 관점에서 권리금을 바라보고 있다는 데 있습니다. 그리고 권리금계약에 관여하지 않았던 임대인을 권리금 이해 당사자로 끌어들였습니다. 따라서 앞으로 여기저기서 분쟁이 생겨날 가능성이 아주 높습니다.

권리금 분쟁이 많아지면 누구에게 이익일까?

권리금 가액은 결국 분쟁의 씨앗이 될 것이다. 상가건물임대차보호법 제10조의7(권리금 평가기준의 고시)은 "국토교통부장관은 권리금에 대한 감정평가의 절차와 방법 등에 관한 기준을 고시할 수 있다"라고 규정하고 있다.

따라서 권리금 분쟁을 해결하기 위해서는 법조계 종사자들과 감정평가사들이 나서게 될 것이다. 이들은 권리금 시장의 이해관계를 알고 접근하는 것이 아니기 때문에 '코에 걸면 코걸이, 귀에 걸면 귀걸이' 식이 될 가능성이 크다. 결국 대법원까지 가는 분쟁이 많아질 듯하다.

'1년 6개월 이상 비영리 목적 사용과 권리금 회수거절'에 대한
두 전문가의 법률해석

해석 1

- 이승주 변호사(티에스법률사무소)
* 리걸인사이트(Legalinsight.co.kr) 2016년 2월 15일에서 인용

상임법(상가건물임대차보호법)의 개정으로 임차인에게 권리금회수기회요청권이 인정되었다.

다만, 임대인은 임차인의 권리금회수기회요청에 대하여 정당한 사유가 있을 경우 "임차인이 주선한 신규 임차인이 되려는 자와 임대차계약을 체결하는 것을 거절"할 수 있다.

위 "정당한 사유" 중의 하나로 "임대차 목적물인 상가건물을 1년 6개월 이상 영리 목적으로 사용하지 아니한 경우(상임법 제10조의4 제2항 제3호)"의 의미는 무엇인가? 법원의 판례는 아직 없는 듯하고, 해석도 논란이 존재하고 있음을 우선 밝힌다.

첫 번째 해석은 "임대인 또는 임대인을 포함하여 누구라도 해당 상가를 1년 6개월 이상 영리 목적으로 장래적으로 사용하지 아니할 예정인 경우"에 임대인은 신규 임차인과의 계약을 거절할 수 있고, 결국 임차인은 이런 경우는 권리금 회수기회가 박탈된다는 해석이다.

두 번째 해석은 "임차인이 목적물인 상가건물을 1년 6개월 이상 영리 목적으로 사용하지 않았다면 그 임차인에게 권리금 회수기회를 부여할 필

요가 없다"는 것으로, 임차인이 상가건물을 1년 6개월 이상 영리 목적으로 사용하지 않았다면, 실질적 측면에서 상가임차인이라 할 수 없고, 결국 상임법의 적용이 없어, 그러한 임차인이 새 임차인을 데려오더라도, 그 사람으로부터 임차인이 권리금을 회수하는 것은 인정되지 않는다는 것이다.

필자는 개인적으로 두 번째 해석에 찬동한다. 첫 번째 해석은 개정 상임법에 대한 개요가 언론에 배포되면서, 언론을 통하여 설명된 내용과 유사한데, 개정 상임법의 문구해석상 불가능한 해석은 아닌 것으로 보이지만, 상임법의 조화로운 해석을 고려하면, 타당하다고 보이지 않기 때문이다.

예를 들어 보자. 5년간 상가를 임차한 상인이 장사가 되지 않자, 임대차계약을 유지하면서 해당 상가의 영업을 접고 계약명의를 유지한 채 동창회 사무실로 바꾸었는데, 그때가 만으로 3년째 되는 해였다. 결국 계약기간 5년 중 마지막 2년 정도는 동창회 사무실로 사용한 것이었다면, 해당 상가의 임차인은 상가임차인으로 보호할 여지가 없을 뿐만 아니라, 마지막 2년 정도 장사를 하지 않았기 때문에, 권리금이라는 것도 인정되기 어렵다.

또한, 상임법 제10조의4 제2항 제3호를 자세히 살피면 "임대차 목적물인 상가건물을 1년 6개월 이상 영리 목적으로 사용하지 아니한 경우"로 적시하여, 과거적 표현을 하고 있고, 거절의 정당성이 법정에서 판명될 필요가 있는 경우에 "장래 임대인 등이 비영리로 사용할지 여부"를 재판을 하는 현재를 기준으로 입증하는 것도 사실상 불가능하다는 점을 고려하면, 첫 번째와 같은 해석은 무리가 있어 보인다.

개정 상임법이 지나치게 임대인에게 불리하여 위헌 요소가 있을 수 있다는 점과 법률해석은 별개의 문제임을 고려할 필요도 있겠다. 상담이 많이 들어오는 문제를 공개하였으나 충분이 논란이 가능한 문제이니, 이 점 참고하시길 바란다.

해석 2

※ 이 글은 이승주 변호사의 해석과는 또 다른 해석으로, 이 책 저자의 견해입니다.

상가건물임대차보호법 제10조의4 제2항 제3호 "임대차 목적물인 상가건물을 1년 6개월 이상 영리 목적으로 사용하지 아니한 경우"에 대한 해석은 앞으로 많은 논쟁이 있을 것으로 예상한다.

이승주 변호사는 위 법조문의 주체가 임대인이 아니라 임차인이란 점을 다음과 같은 이유를 들어 주장하고 있다. 첫째, 상가건물임대차보호법은 임차인을 위한 법이므로 적용 여부에 대한 판단 기준은 임차인으로 봐야 한다. 둘째, 과거적 표현이므로 소송이 진행될 경우 미래 시점의 임대인의 비영리 여부를 현재를 기준으로 입증하는 것이 불가능하다.

이 문구의 주체를 임대인으로 볼지, 아니면 현재 임차인으로 볼지에 따라 해석이 완전히 달라진다. 나는 임대인이라고 보는 반면, 이승주 변호사는 현재 임차인으로 보고 있다.

상가건물임대차보호법의 개정 이유로 판단해본다면, 이 법은 임대인이 새로이 임대차계약을 체결하면서 임차인이 형성한 영업적 가치를 아무런 제한 없이 이용하지 못하게 하고자 하는 것에 초점을 맞춰야 할 것이다. 즉 5년이 경과했을 경우 임대인이 임차인과 상가임대차계약을 종료하고 임차인의 점포사업 아이템을 직접 영업하는 악의적인 임대인이 없도록 하자는 의미다. 또한 과거적 표현이기 때문에 소송이 진행될 경우 입증이 불가능하다고 했지만, 손해배상 청구는 제10조의4 제4항에 근거하여 3년 이내에 행사하도록 했다. 즉 임대인이 점포를 비영리로 1년 6개월 동안 운영하는지, 안 하는지의 판단 기준은 계약 종료 후 1년 6개월이 지난 시점이 된다. 이때 임차인은 손해배상 청구 소송을 하는 것이기 때문에 미래 시점의 임대인의 비영리 여부를 입증하는 것이 아니다. 따라서 나는 임차인이 아니라 임대인으로 해석해야 한다고 보고 있다.

더군다나 5년간의 상가임대차계약을 맺은 임차인이 3년 정도 장사하다가 문을 닫고, 비영리로 1년 6개월 동안 점포를 운영하는 경우가 현실적으로 있을지 모르겠다. 월 임대료를 3회 이상 지불하지 않으면 계약해지 사유가 되므로 논쟁거리가 되지 않는다. 따라서 점포사업이 망해서 월 임대료도 지불할 능력이 안 되는 임차인이 상가임대차계약을 유지하기 위해 월 임대료를 꼬박꼬박 지불하면서 1년 6개월 동안 비영리로 점포를 운영하는 일은 현실에서는 거의 없다고 봐야 한다. 상가건물임대차보호법의 개정 이유 및 취지하고도 맞지 않는다고 판단할 수 있다.

따라서 이 책에서는 상가건물임대차보호법 제10조의4 제2항 제3호 "임대차 목적물인 상가건물을 1년 6개월 이상 영리 목적으로 사용하지 아니한 경우"의 주체를 임대인으로 해석하고 있음을 밝혀둔다.

68

일반적으로 업계에서는 권리금 가액을 어떻게 산정하나요?

예를 들어 설명해보겠습니다. 홍길동이라는 신규 임차인이 어느 특정 지역에서 치킨 가게를 운영할 계획을 세웠다고 가정해봅시다. 홍길동은 중개업소나 창업컨설팅 업체를 방문해 상담을 할 것입니다.

먼저 상담을 맡은 중개업자가 "이 지역의 평균 권리금은 5천만 원 정도입니다. 목 좋은 곳은 1억 원에도 거래되며, 최근 들어 가격이 좀 떨어지는 추세입니다. 치킨 가게를 열기에 적당한 점포가 하나 있는데, 권리금이 8천만 원입니다. 보증금은 5천만 원이고, 월세는 부가세 별도로 해서 300만 원입니다. 얼마 정도의 자금을 갖고 계신가요?"라고 묻습니다.

홍길동이 "권리금과 보증금을 합쳐 8천만 원 정도로 예상하고 있습니다"라고 대답합니다.

그러면 중개업자는 "그 정도 금액으로는 이 동네에서 점포 구하기 힘듭니다. 다른 데 가보세요"라고 하거나 아니면 "전화번호를 남기고 가시면 나중에 연락드리겠습니다"라고 할 것입니다.

그런데 홍길동이 "권리금과 보증금을 합쳐 한 1억 원 정도로 예상하는데, 마음에 들면 1~2천만 원은 더 줄 생각도 하고 있습니다"라고 대답한다면 상황은 달라집니다. 중개업자는 "그러면 제가 최대한 흥정을 해보겠습니다. 일단 물건부터 보러 가실까요?"라고 답할 것입니다.

대화 내용을 살펴보면 영업 권리금, 시설 권리금, 지역 권리금에 대한 이야기가 한 번도 안 나옵니다. 각각의 가액이 얼마인지 구체적으로 말하지 않고, 그냥 뭉뚱그려 총 가액을 말하는 것이 업계의 현실입니다. 권리금을 회수할 가능성은 있는지, 그 정도 가치가 있는지 등에 대한 논의는 거의 찾아볼 수 없습니다. 설령 중개업자의 말 속에 그런 내용이 언급되더라도 정확한 정보가 아닌, 그냥 무조건 나중에 권리금을 회수할 수 있을 거라는 말이 전부입니다. 신규 임차인인 홍길동이 망할지, 흥할지는 관심 밖의 이야기입니다. 오로지 거래를 성사시켜 현재 임차인은 권리금을 받고, 중개업자는 권리금 수수료를 받으면 되기 때문입니다.

69

감정평가사는 어떤 방법으로 권리금의 가치를 계산하나요?

감정평가사들이 부동산의 경제적 가치를 어떻게 매기는지 살펴봅시다. 상가건물임대차보호법이 개정되었고, 앞으로 권리금계약을 진행할 때 감정평가사들에게 권리금 가액 산정을 부탁한다고 합시다. 이들은 먼저 시장조사를 할 것입니다. 그 지역의 권리금이 어느 정도인지 알아보기 위해 감정평가사는 지역 중개업소를 방문하거나 탐문 활동을 하게 됩니다. 앞서 언급한 홍길동의 치킨 가게를 예로 들어 설명하겠습니다.

먼저 감정평가사가 "제가 조사해보니, 이 지역의 평균 권리금은 약 8천만에서 1억 3천만 원 수준입니다. 그리고 치킨 가게로 추천받은 점포는 현재 화장품 가게입니다. 그곳의 현재 임차인은 권리금으로 8천만 원을 받고자 합니다. 주변 상권에 형성된 권리금 수준을 고려했을 때 최저 가격입니다. 제 생각에는 적정 수준의 권리금입니다"라고 말합니다.

홍길동이 "저는 좀 더 세부적으로 구분해서 알고 싶습니다"라고 대답합니다. 이때부터 권리금 가액을 산정해야 하는 감정평가사의 고민은 깊어집니다.

1. 먼저 화장품 가게에서 치킨 가게로 바뀌는 경우입니다.
① 화장품 가게에서 치킨 가게로 업종이 바뀌기 때문에 시설 권리금을 주장하지 못한다.
② 화장품 가게의 노하우를 홍길동이 전수받을 필요가 없으므로 영업 권리금을 주장하지 못한다.
③ 그럼에도 불구하고 현재 임차인은 권리금 8천만 원을 주장한다.
④ 그러면 8천만 원은 무슨 권리금인지 정의를 내려야 한다.
⑤ 8천만 원의 성격은 지역 권리금일 확률이 높다.
⑥ 그러면 현재 임차인보다는 임대인이 주장하는 것이 더 타당하다.
⑦ 신규 임차인이 현재 임차인에게 권리금을 주어야 하나, 말아야 하나?
⑧ 결국 8천만 원보다 훨씬 낮은 가격으로 권리금이 책정되어야 한다.

⑨ 그렇다면 권리금의 적정 가액은 얼마로 해야 하나?

2. 같은 상황에서 화장품 가게를 그대로 이어받아 점포사업을 하는 경우입니다.
   ① 인테리어한 지 3년이 넘었는데, 시설 권리금을 얼마로 산정해야 하나?
   ② 신규 임차인이 인테리어를 새로 하겠다는데, 시설 권리금을 인정해야 하나?
   ③ 같은 업종이나 프랜차이즈 본부 및 브랜드가 다르다. 이 경우 영업 권리금을 얼마로 산정해야 하나?
   ④ 상권, 동선, 건물 위치, 배후 세력, 역세권, 브랜드 인지도 등을 제외한 현재 임차인의 순수 영업 노하우의 가치를 얼마로 산정해야 하나?
   ⑤ 현재 임차인의 영업 노하우가 과연 신규 임차인의 사업에 실질적으로 도움이 되나?
   ⑥ 만일 망해서 나가는 임차인이라면, 과연 그에게 영업 노하우라는 것이 있기는 한가?
   ⑦ 지역 권리금을 얼마로 산정해야 하나?

이 같은 고민이 거듭될수록 냉정하고도 객관적으로 권리금 가액을 평가해야 하는 감정평가사는 무척 혼란스러워집니다.

70

객관적으로 권리금 가액을 산정할 방법이 있나요?

네, 업계에서 주로 활용하는 방법이 있습니다. 권리금을 최대한 객관화하는 방법으로, 부동산 업계에 종사하는 사람이라면 누구나 기본적으로 배우는 감정평가 방식입니다. 자산의 경제적 가치를 산정하는 세 가지 방식은 다음과 같습니다.

첫째, 얼마의 비용이 투입되었는가를 감안하여 판단하는 비용접근법(원가법)

둘째, 시장에서 어느 정도에 거래되는가에 따른 시장접근법(거래사례비교법)

셋째, 얼마의 수익을 산출할 수 있는가에 근거한 소득접근법(수익환원법)

권리금계약을 알선할 때 중개업자는 권리금의 가액이 적정하다고 주장합니다. 이를 증명하기 위해 다음과 같은 방법을 활용하고 있습니다.

① 현재 임차인에게 영업매출 자료, 시설 인테리어 투자비용에 대한 자료를 요청한다. - 영업 권리금(소득접근법)
② 점포를 방문해서 입지 조건(상권 규모, 동선 등)을 조사한다.
   - 지역 권리금(시장접근법)
③ 인테리어 재활용 조건을 조사한다. - 시설 권리금(비용접근법)
④ 유형적 가치와 무형적 가치를 구분하여 평가 작업을 한다.
⑤ 유형적 가치는 원칙적으로 비용접근법을 적용하나, 부적절한 때에는 시장접근법으로 평가한다.
⑥ 무형적 가치는 소득접근법을 사용한다.

예를 들면 대략 이런 식으로 계산할 수 있습니다.

갑은 3년 전에 상가 점포를 분양받은 임대인과 임대차계약을 맺었습니다. 현재 주변에 형성된 유사 점포들의 권리금은 약 7천만~1억 원입니다. 시설비로 1억 원을 투자한 점포에서 갑은 월평균 350만 원의 수익을 내고 있습니다. 시설비의 감가상각을 5년으로 잡고 유형적 가치를 산출하고, 1년 동안의 순수익을 무형적 가치로 계산하면 다음과 같습니다.

- 유형적 가치인 시설 권리금 = (1억 원÷5년)×2년 = 4천만 원
- 무형적 가치인 영업 권리금 = 350만 원×12개월 = 4200만 원

계산 결과, 주변에 형성된 권리금 가액과 비슷한 수준입니다. 따라서 갑이 임차한 점포의 적정 권리금은 8200만 원이라고 주장할 수 있습니다. 이렇게 산정한 권리금을 임차인들끼리 주고받았다고 합시다. 그런데 신규 임차인이 점포를 인수하고 보니 실제로는 자신이 지불한 권리금만큼의 가치가 없다고 판단했습니다. 이 경우 권리금계약을 알선한 중개업자에게 그 책임을 물을 수 있을까요?

더군다나 시설 권리금과 영업 권리금은 신규 임차인이 같은 업종의 점포사업을 준비할 때 주고받을 수 있는 권리금입니다. 신규 임차인이 다른 업종으로 점포사업을 할 경우 과연 8200만 원을 주는 것이 합리적인지, 아니면 권리금의 적정 가액을 다시 산출해야 하는 것인지 고민해야 합니다.

따라서 문제는 여전히 남아 있고, 다툼의 본질이 없어지지도 않습니다. 결국 권리금의 이해관계가 복잡하게 얽혀 있는 상황에서 "권리금의 본연적 성격에 맞는 적정 권리금을 어떻게 평가할 수 있을까" 하는 문제는 여전히 숙제로 남게 됩니다.

71

권리금의 적정 가액 산정이
계속 풀기 어려운 숙제로 남는다고요?

네, 그렇습니다. 실제로는 다음과 같은 상황들이 비일비재하기 때문입니다.

1. '갑'은 화장품 가게를 권리금 없이 계약했고, 점포사업도 꽤 성공적이었다. 그리고 계약 종료 시점에 '을'로부터 권리금 명목으로 5천만 원을 받았다.
2. '을'은 5천만 원의 권리금을 주고 계약해 치킨 가게를 열었지만, 장사가 안 돼 망했다. 그래서 계약 기간 도중에 '병'으로부터 권리금 명목으로 1천만 원을 받고 가게를 넘겼다.
3. '병'은 1천만 원의 권리금을 주고 계약해 삼겹살 전문점을 운

영했고, 장사도 잘되었다. 그리고 계약 종료 시점에 '정'으로부터 권리금 명목으로 1억 원을 받았다.
4. '정'은 1억 원의 권리금을 주고 계약해 일식집을 운영했지만, 장사가 안 돼 망했다. 계약은 종료되었고, 권리금은 한 푼도 못 받았다.

과연 각각의 임차인들이 지급한 권리금은 적정 수준일까요? 그리고 신규 임차인들이 지급한 권리금은 정말 권리금의 성격을 지닌 것일까요? 이 같은 고민들을 하지 않을 수가 없습니다. 권리금을 많이 줬다고 해서 점포사업이 반드시 성공한다는 보장도 없을 뿐더러 권리금이 적다고 해서 장사가 안 될 거라고 장담할 수도 없습니다. 결국 권리금을 왜 주고받아야 하는지, 고민할 수밖에 없습니다.

상가건물임대차보호법 제10조의7
(권리금 평가기준의 고시)에 근거해
**감정평가사들이 보다 정확히
권리금 가액을 평가한다면,
앞으로 권리금 분쟁이 줄어들지 않을까요?**

네, 앞으로는 지금처럼 주먹구구식으로 권리금 가액을 산정하는 일도 줄어들고, 권리금의 가치를 좀 더 정확하게 평가하려는 전문가들의 노력이 많아질 것입니다. 그러나 권리금 가치에 대한 감정평가를 하려면, 앞에서 언급했듯이 기존 임차인의 영업시설을 그대로 이전한다는 전제가 있어야 합니다. 그래야만 시설 권리금, 영업 권리금에 대한 가치를 평가할 수 있습니다.

따라서 신규 임차인이 치킨 가게를 인수해 화장품 가게로 업종을 바꿔 운영하는 경우라면, 또는 현재 임차인이 점포사업을 정리하는 과정이라면 권리금을 어떻게 처리해야 할지 의문이 생깁니다. 과연 신규 임차인이 시설 권리금과 영업 권리금을 주는 게 마땅할까요? "어떻게 해야 합리적인가?" 하는 문제는 여전히 남아 있습니다. 이것은 감정평가사들이 해결할 수 있는 문제가 아닙니다.

그러나 현재 임차인의 시설 인테리어와 영업 노하우를 전수받기 때문에 신규 임차인이 권리금을 지불해야 한다고 전제하면, 감정평가 기본 절차에 따라 다음과 같이 진행될 것으로 예상합니다.

1. 유형재산과 무형재산으로 구분한다.
2. 유형재산 중 영업시설은 원가법(비용접근법)을 적용해 평가한다.
3. 무형재산은 수익환원법(소득접근법)을 적용해 평가한다.
4. 거래사례비교법(시장접근법)으로 적정가격을 보정한다.

따라서 권리금 감정평가액은 '유형재산 권리금 가액 + 무형재산 권리금 가액'으로 산정할 수 있습니다. 일반적으로 유형재산과 무형재산에 대한 감정평가 기법의 기본 원칙에 따라 식을 정리해보면 다음과 같습니다.

- 유형재산 권리금 가액
$$= 재조달원가 \times \left\{ 1 - (1 - 잔존가치율) \times \frac{경과년수}{경제적\ 내용년수} \right\}$$

-
$$\text{무형재산 권리금 가액} = \left(\sum_{t=1}^{n} \frac{\text{영업이익}}{(1+r)^t} \right)$$

r : 할인율
n : 적용 할인기간

감정평가사들은 가치평가 전문가들이므로, 일반인들보다는 더 합리적으로 권리금의 가치를 평가합니다. 그러나 '무형재산 권리금 가액'은 영업 권리금과 지역 권리금이 혼합된 것이어서, 이 둘을 어떻게 나눌 것인가 하는 문제를 생각해야 합니다. 더군다나 전제한 조건이 발목을 잡습니다. 전제한 조건이 아닌 경우에는 어떠한 방법으로 권리금 가액을 산정할 것인지, 또는 지역 권리금만 주고받아야 하는 경우에는 어떻게 산출할 것인지 하는 문제에 직면하게 됩니다. 이렇게 쉽게 권리금 계산을 할 수 있다면, 이 문제가 사회적 이슈로까지 확산되지도 않았을 것입니다.

> '유형재산'이란 화폐, 동산, 부동산, 상품 등 일정한 형태를 가진 재산을 말한다.
> '무형재산'이란 저작권, 특허권, 광업권, 상표권, 어업권 등 형태가 없는 재산을 말한다.

73

상가건물임대차보호법 개정에도 불구하고,
권리금 문제가 더 심화될 수 있을 거라는
진단이군요. 그럼, **권리금 문제를
최소화할 수 있는 해결 방안은 있나요?**

사회적 이슈가 되고 있는 권리금의 본질적 문제는 과도하게 지불한 권리금을 돌려받지 못해 금전적 손실을 입은 현재 임차인이 경제적 어려움에 직면한다는 데 있습니다. 그동안 정책이나 법으로 이러한 문제들을 해결하려 했으나 별 성과가 없었습니다. 이제는 현실적으로 형평성과 효율성을 고려해 뚜렷한 방안을 제시하기가 어렵다는 것을 인정해야 합니다. 그래서 저는 다음의 두 가지 해결방안을 제시하고자 합니다.

첫째, 권리금계약은 상가임대차계약에 부종하는 계약이라는 점에 초점을 맞춰야 합니다. 즉 임대인과 임차인이 맺은 상가임대차계약을 서로 준수하고자 하는 사회적 관행이 상가임대차 시장에 자리 잡는다면, 권리금으로 인한 대부분의 문제는 사라질 것입니다. 미래 시점에 회수할 수 있을지, 없을지도 모르는 권리금을 서로 주고받는 현재의 권리금 시장은 잘못된 관행임을 우리가 인정해야 합니다.

임차인의 주목표는 점포사업을 통해 수익을 창출하는 것이 되어야 합니다. 임대차계약 기간 동안 열심히 일해 시설비용을 회수해야 하고, 자신만의 영업 노하우와 전략을 잘 수립해 성공적으로 매출을 올려야 합니다. 그 기간을 임대인으로부터 보장받기 위해 임대차계약을 맺는 것입니다. 임차인 역시 그 계약 기간을 준수하는 것이 서로의 형평성에 맞습니다. 상가임대차계약의 주요 조항은 임대인과 임차인이 계약 기간 동안 서로 준수해야 하는 내용들로 구성돼 있습니다. 당연히 서로 합의한 내용들입니다. 저는 권리금 문제를 해결하기 위해선 상가임대차계약을 준수하는 관행이 우리 사회에 깊숙이 뿌리내려야 한다고 봅니다.

둘째, 권리금 본연의 성격에 충실해야 합니다. 일반적으로 권리금은 영업 권리금, 시설 권리금, 지역 권리금으로 구분됩니다. 각각의 권리금이 거래할 만한 가치가 있다면 당연히 지불해야 하나, 그렇지 않다면 잘못된 권리금 거래로 봐야 합니다. 현재 임차인의 점포사업을 신규 임차인이 승계하는 경우라면 당연히 권리금을 주고받아야 합니다. 그렇지 않다면 현재 임차인이 신규 임차인에게 권리금을 주장하는 것은 재고할 여지가 있습니다.

74

'상가권리금 표준계약서'로 긍정적인 효과를 기대할 수 있을까요?

상가권리금이 제도화되면서 국토교통부는 권리금계약서 표준안을 확정해 배포했습니다. 상가권리금 표준계약서의 주된 내용은 다음과 같습니다.

1. 현재 임차인은 신규 임차인과 임대인이 상가임대차계약을 원만히 체결할 수 있도록 협조한다.
2. 권리금계약 체결 후, 상가임대차계약이 체결되지 못하면 권리금계약은 무효다.
3. 현재 임차인의 영업 기간 중에 발생한 사유로 인해 신규 임차인이 영업을 할 수 없게 되면, 신규 임차인은 계약을 해제

하거나 임차인에게 손해배상을 청구할 수 있다. 계약을 해제할 경우 임차인과 신규 임차인은 원상회복의무를 부담하며, 신규 임차인에게 손해가 발생한 경우 임차인은 그 손해를 배상한다.

첫 번째와 두 번째는 권리금계약이 상가임대차계약에 부종하는 계약임을 다시 한 번 확인해주는 내용입니다. 세 번째는 권리금을 받은 현재 임차인이 부담해야 할 손해배상과 관련된 내용입니다. 이것은 특수한 경우로, 행정처분에 관한 내용들이 주로 해당될 것입니다.

예를 들어 현재 임차인이 노래연습장을 운영하고 있으며, 그 노래연습장을 신규 임차인이 그대로 인수한다고 가정합시다. 그런데 현재 임차인이 영업정지 처분을 두 번이나 받았습니다. 노래연습장의 경우 '음악산업진흥에 관한 법률' 규정상 행정처분의 내용이 신규 임차인에게 그대로 승계됩니다. 따라서 상가임대차계약을 중개하는 공인중개사는 이 내용을 신규 임차인에게 확인·설명해줄 의무가 있습니다. 그런데 현재 임차인이 화장품 가게를 운영하고 있으며, 신규 임차인은 그 자리에 치킨 가게를 연다고 한다면 세 번째 내용은 해당되지 않습니다.

국토교통부 관계자는 "권리금계약서 작성이 의무사항은 아니지만, 계약서를 작성하면서 권리금계약의 내용을 확인하고 권리금 수수에 따르는 권리와 의무관계를 명백히 함으로써 장래에 발생할 수 있는 분쟁을 사전에 예방할 수 있을 것으로 기대한다"라고 하였습니다.

제가 보기에는 의무사항이 아니고, 권리금 수수에 따르는 권리와 의무관계를 명백히 규정한다는 것 자체가 쉽지 않으므로, 결국 표준 계약서의 효과는 그리 크지 않을 거라고 생각합니다.

표준 권리금 계약서

상가건물 임대차 권리금계약서

임차인(이름 또는 법인명 기재)과 신규임차인이 되려는 자(이름 또는 법인명 기재)는 아래와 같이 권리금 계약을 체결한다.

※ 임차인은 권리금을 지급받는 사람을, 신규임차인이 되려는 자(이하 「신규임차인」이라 한다)는 권리금을 지급하는 사람을 의미한다.

[임대차목적물인 상가건물의 표시]

소 재 지		상 호	
임대면적		전용면적	
업 종		허가(등록)번호	

[임차인의 임대차계약 현황]

임대차 관 계	임차보증금				월 차 임			
	관 리 비				부가가치세	별도( ), 포함( )		
	계약기간	년 월 일부터			년 월 일까지 (월)			

[계약내용]

제1조(권리금의 지급) 신규임차인은 임차인에게 다음과 같이 권리금을 지급한다.

총 권리금	금	원정(₩)
계 약 금	금	원정은 계약시에 지급하고 영수함. 영수자((인))
중 도 금	금	년 월 일에 지급한다.
잔 금	금 ※ 잔금지급일까지 임대인과 신규임차인 사이에 임대차계약이 체결되지 않는 경우 임대차계약 체결일을 잔금지급일로 본다.	년 월 일에 지급한다.

제2조(임차인의 의무) ① 임차인은 신규임차인을 임대인에게 주선하여야 하며, 임대인과 신규임차인 간에 임대차계약이 체결될 수 있도록 협력하여야 한다.
② 임차인은 신규임차인이 정상적인 영업을 개시할 수 있도록 전화가입권의 이전, 사업등록의 폐지 등에 협력하여야 한다.
③ 임차인은 신규임차인이 잔금을 지급할 때까지 권리금의 대가로 아래 유형·무형의 재산적 가치를 이전한다.

유형의 재산적 가치	영업시설·비품 등
무형의 재산적 가치	거래처, 신용, 영업상의 노하우, 상가건물의 위치에 따른 영업상의 이점 등

※ 필요한 경우 이전 대상 목록을 별지로 첨부할 수 있다.

④ 임차인은 신규임차인에게 제3항의 재산적 가치를 이전할 때까지 선량한 관리자로서의 주의의무를 다하여 제3항의 재산적 가치를 유지·관리하여야 한다.
⑤ 임차인은 본 계약체결 후 신규임차인이 잔금을 지급할 때까지 임차목적물상 권리관계, 보증금, 월차임 등 임대차계약 내용이 변경된 경우 또는 영업정지 및 취소, 임차목적물에 대한 철거명령 등 영업을 지속할 수 없는 사유가 발생한 경우 이를 즉시 신규임차인에게 고지하여야 한다.

제3조(임대차계약과의 관계) 임대인의 계약거절, 무리한 임대조건 변경, 목적물의 훼손 등 임차인과 신규임차인의 책임 없는 사유로 임대차계약이 체결되지 못하는 경우 본 계약은 무효로 하며, 임차인은 지급받은 계약금 등을 신규임차인에게 즉시 반환하여야 한다.

제4조(계약의 해제 및 손해배상) ① 신규임차인이 중도금(중도금 약정이 없을 때는 잔금)을 지급하기 전까지 임차인은 계약금의 2배를 배상하고, 신규임차인은 계약금을 포기하고 본 계약을 해제할 수 있다.

② 임차인 또는 신규임차인이 본 계약상의 내용을 이행하지 않는 경우 그 상대방은 계약상의 채무를 이행하지 않은 자에 대해서 서면으로 최고하고 계약을 해제할 수 있다.

③ 본 계약체결 이후 임차인의 영업기간 중 발생한 사유로 인한 영업정지 및 취소, 임차목적물에 대한 철거명령 등으로 인하여 신규임차인이 영업을 개시하지 못하거나 영업을 지속할 수 없는 중대한 하자가 발생한 경우에는 신규임차인은 계약을 해제하거나 임차인에게 손해배상을 청구할 수 있다. 계약을 해제하는 경우에도 손해배상을 청구할 수 있다.

④ 계약의 해제 및 손해배상에 관하여는 이 계약서에 정함이 없는 경우 「민법」의 규정에 따른다.

[특약사항]

....
....
....
....
....
....
....
....
....
....
....

본 계약을 증명하기 위하여 계약 당사자가 이의 없음을 확인하고 각각 서명 날인한다.

년   월   일

임차인	주소				
	성명		주민등록번호	전화	(인)
대리인	주소				
	성명		주민등록번호	전화	
신규임차인	주소				
	성명		주민등록번호	전화	(인)
대리인	주소				
	성명		주민등록번호	전화	

75

상가건물임대차보호법 개정으로 앞으로 어떤 변화가 생길까요?

상가임대차 시장에 당장 큰 변화가 생기지는 않을 것입니다. 시간이 가면서 서서히 반응이 나타날 것으로 보입니다.

무엇보다 임대인들의 변화가 예상됩니다. 지금껏 임대인들은 권리금을 주고받는 이해관계자가 아니라고 생각했습니다. 따라서 권리금은 임차인들 간의 문제지, 자신들과는 관련 없다고 판단해왔습니다. 물론 권리금 시장의 이해관계를 잘 아는 소수의 임대인들은 임차인들로부터 권리금을 받아왔습니다.

하지만 이젠 권리금이 법률로 규정되어 임대인들도 이해관계자가 되었습니다. 법 규정에 따르면, 임대인은 현재 임차인이 권리금을 받는 일을 방해해서는 안 됩니다. 만일 방해한다면 손해배상금을 지급해야 합니다. 이 내용을 접한 임대인들은 처음엔 당황할 테지만, 시간이 지나면서 임대차계약만 준수하면 별 문제가 없음을 인지하게 될 것입니다. 그리고 이렇게 계약을 준수하면 자신들에게 금전적 이득이 생길 가능성이 크다는 사실도 깨닫게 될 것입니다.

장사가 잘되는 점포의 임차인과 임대인은 실제로 다툴 일이 별로 없습니다. 임차인이 월 임대료를 꼬박꼬박 잘 지불하고, 임대차계약이 종료될 시점에 임대료를 올려도 쉽게 재계약에 동의해주기 때문입니다. 간혹 임차인의 재계약 요구를 거절하고 자신이 권리금을 받거나, 직접 점포사업을 하겠다고 나서는 임대인들이 있습니다. 이 같은 악의적인 임대인들 때문에 사회 문제가 됩니다. 하지만 이들은 전체 상가임대차 시장에서 극소수에 불과합니다. 이런 임대인들도 이번에 개정된 상가건물임대차보호법에 따라 점차 줄어들 것입니다.

또한 신규 임차인들의 변화가 예상됩니다. 마음에 드는 점포를 찾아도 당장 계약하기보다는 현재 임차인의 계약이 종료될 때까지 기다리는 경우가 생길 수 있습니다. 시간이 갈수록 권리금을 지불하지 않아도 되거나, 권리금 가액을 좀 더 낮추는 방향으로 협상할 수 있기 때문입니다.

사실 장사가 잘되는 상황에서 임차인이 점포를 중개업소에 매물로 내놓는 경우는 그리 많지 않습니다. 대부분은 버틸 만큼 버티다가 새로운 임차인을 찾습니다. 따라서 신규 임차인 입장에서는 서두를 이유가 전혀 없습니다. 또한 마음에 드는 점포를 찾더라도 굳이 현재 임차인을 만날 필요가 없습니다. 임대인을 직접 찾아가거나 중개업자에게 임대인을 소개해달라고 하면, 권리금 가액을 많이 낮출 수 있습니다.

결국 상가건물임대차보호법이 개정되면서 당장은 현재 임차인들에게 좋은 것 같지만, 시간이 흐르면 불리한 법안으로 작용할 소지가 있습니다. 이것도 나중에는 상가임대차 시장에 긍정적 효과를 가져올 수 있습니다. 신규 임차인이 바로 현재 임차인이 되기 때문입니다.

아직은 개정 법안이 시행된 지 얼마 되지 않아 높은 권리금을 이미 지불한 현재 임차인에게는 다소 불리하게 느껴질 수도 있습니다. 시간이 경과하면서 권리금 가액이 점차 낮아질 것으로 보이기 때문입니다. 이는 신규 임차인 입장에서는 초기 투자자금이 적어지는 효과를 낳으므로 전체 상가임대차 시장에 긍정적인 영향을 미치지 않을까, 조심스럽게 판단해봅니다.

한편, 개정된 법률안을 앞으로 좀 더 보완할 필요가 있다고 봅니다. 하지만 임대인과 임차인 중 어느 한쪽이 유리하도록 보완해서는 안 됩니다. 현재 제가 연구 중인 부분들 중에서 하나만 언급해 보겠습니다.

저는 임차인의 계약갱신 요구 기간으로 5년은 너무 짧다고 생각합니다. 장사가 안 돼 문 닫을 지경이라면 임차인은 당연히 계약갱신 요구를 하지 않을 것입니다. 2년이든, 5년이든 기간은 중요치 않습니다. 버티면 버틸수록 손실이 더 커질 것이기 때문입니다. 문제는 임차인의 점포사업이 성공적인 경우에 생깁니다. 장사가 잘 되어 돈 좀 벌어보자는 임차인들은 5년이라는 계약갱신 요구 기간에 발목을 잡힐 수 있습니다. 즉 5년이 지나자마자 임대인이 재계약을 거부하는 경우입니다.

상가건물임대차보호법이 진정 임차인을 보호하는 법이라면, 과감히 이 기간을 늘려야 합니다. 그러나 기간을 연장할 경우 임대인 입장에서는 당연히 임대료 증액을 요구할 것입니다. 따라서 계약갱신 요구 기간 연장과 임대료 상승 요율은 반드시 보완할 필요가 있습니다.

# 악의적인 임대인들을 규제한다?

계약 기간 7개월 남기고 보증금과 월 임대료 2배 인상 요구, 새로운 권리금 요구, 명도소송 제기 등 악의적인 임대인들의 행태가 각종 언론에 소개된 적이 있다. 임차인들은 눈물을 머금고 장사하던 상가를 고스란히 건물주에게 내주고 나오는 경우도 많다. "조물주 위에 건물주"라는 말이 나올 만큼 건물주의 횡포가 심해지고 있다. 이에 서울시는 신촌, 성수동 등 구도심권의 '젠트리피케이션(gentrification: 구도심이 번성해 중산층 이상의 사람들이 몰리면서, 임대료가 오르고 원주민이 내몰리는 현상을 이르는 말)' 현상을 방지하기 위한 종합대책을 마련하기도 했다. 하지만 대책의 효과는 그리 크지 않고, 임대료를 감당하지 못하고 다른 지역으로 내몰리며 다시 생계위협을 받고 있는 임차인들이 늘어나고 있다.

악의적인 건물주와 임대인들의 행태는 임차인의 입장에서는 기가 차고 억울하기만 할 것이다. 이러한 일들 때문에 전체 상가임대차 시장이 왜곡되고 있다고 해도 과언이 아니다. 여기서 임차인들의 불리함을 해소할 수 있는 법적 규제는 필요하다고 본다. 하지만 이 또한 신중한 접근이 필요하다. 극소수의 악의적인 임대인들을 규제하기 위해 어떤 정책을 기획하거나 실행할 경우, 예상치 못한 또 다른 왜곡 현상이 발생할 수 있다. 엉뚱한 피해자들이 생길 가능성 또한 배제할 수 없다. 빈대 잡자고 초가삼간을 태울 수 없는 것과 같은 이치다.

76

권리금 분쟁조정위원회가 만들어져서
임대인과 임차인 혹은 임차인과 임차인 간의
다툼을 중재한다고 하던데요?

처음 상가건물임대차보호법 개정안을 구상할 때 나왔던 이야기입니다. 권리금 분쟁조정위원회를 설치해 권리금 다툼의 당사자들을 중재하자는 문구를 검토했던 것 같습니다. 그러나 법안이 다듬어지고 논의되는 과정에서 최종적으로 분쟁조정위원회에 관한 문구는 검토 대상에서 제외된 것으로 알고 있습니다.

분쟁조정위원회를 각 행정구역인 시·군·구에 설치할 경우, 논란이 생길 수 있습니다. 누구를 분쟁조정위원회에 참여시킬 것인지, 또 다툼을 어떻게 조정할 것인지 쉽게 결정지을 수 없기 때문입니다. 임대인과 임차인 또는 임차인과 임차인의 입장이 너무도 상이할 뿐만 아니라, 상황에 따라 어느 한쪽은 금전적 손실을 크게 입을 수도 있습니다.

조정위원들이 모든 분쟁을 책임감 있게 중재하기란 결코 쉽지 않습니다. 만일 당사자들이 중재안을 받아들이지 않는다면 어떻게 해야 할까요? 이 문제 역시 난감합니다. 현재는 권리금에 대한 법조문이 있으므로, 이해관계자들의 시시비비는 소송으로 해결할 수밖에 없습니다.

6장

권리금 분쟁 사례별 Q&A

권리금 다툼의
주요 원인과 해결책
임대인, 현재 임차인 입장에서 본 권리금 관련 사례

여기서는 현재의 상가임대차 시장에서 권리금 다툼의 원인이 되는 몇 가지 사례를 개정된 상가건물임대차보호법에 적용해 살펴보고자 합니다. 이 책에서 모든 사례를 다 다룰 수는 없기에 가장 전형적인 권리금 분쟁 사례만 모아봤습니다. 상가건물임대차보호법이 개정됨에 따라 대부분의 사례들은 현재 임차인에게 유리하게 적용되고 있음을 다음의 사례들을 통해 깨닫게 될 것입니다.

사례 1 임대인의 동의 여부

Q. 2014년 9월 1일, 2년 기간으로 상가임대차계약을 맺고 현재 영업 중입니다. 최근 들어 영업 실적이 좋지 않아 걱정입니다. 그래서 중개업소를 통해 새로운 임차인을 소개받아 권리금을 받고자 합니다. 중개업자는 권리금 5천만 원을 주고 들어오겠다는 임차인이 있다고 합니다. 만일 임대인이 제가 소개하는 분과 임대차계약을 맺지 않겠다고 하면, 저는 어떻게 해야 하나요? 권리금을 받으려면 임대인과 소송할 수밖에 없나요?

A. 계약 기간이 2년이므로, 계약 종료 시점은 2016년 8월 31일입니다. 계약 종료 시점까지는 앞으로 7개월 정도 남았습니다(2016년 1월 말 기준). 따라서 현재는 권리금을 받을 수 없습니다. 지금 권리금을 받으려면 무조건 임대인의 동의를 받아야 합니다. 만일 임대인이 동의해준다면 새로운 임차인을 구해 권리금계약을 진행함과 동시에 임대인에게 소개해 상가임대차계약서를 작성하게 하면 됩니다. 단, 아직 계약 기간이 7개월 정도 남아 있다는 사실을 기억해야 합니다. 이 경우 임대인의 동의 없이는 새로운 임차인과 계약을 진행할 수 없습니다. 따라서 질문자는 다음의 두 가지 방법 중 하나를 선택해야 합니다.

첫째, 어떤 식으로든 임대인의 동의를 받아서 새로운 임차인과 계약합니다.

둘째, 계약 종료 3개월 전인 2016년 6월 1일부터 중개업소를 통해 새로운 임차인을 구합니다.

만일 임대인의 동의를 받지 못하면 무조건 두 번째 방법을 선택해야 합니다. "임대인은 임대차 기간이 끝나기 3개월 전부터 임대차 종료 시까지 임차인이 주선한 신규 임차인이 되려는 자로부터 권리금을 지급받는 것을 방해하여서는 아니 된다"라는 법조문을 명심하기 바랍니다.

따라서 지금 5천만 원을 지불하겠다는 신규 임차인이 마음을 바꾸지 않도록 잘 설득해야 합니다. 그런 다음 계약 종료 3개월 남았을 시점에 권리금계약을 통해 5천만 원을 받으면 됩니다. 물론 그때까지 5천만 원을 주겠다는 임차인이 기다리고 있어야 합니다. 임대인과의 소송은 아무 의미가 없습니다. 쓸데없는 비용만 지출하게 됩니다.

사례 2 상가임대차계약과 권리금계약

Q. 2014년, 제 명의로 된 상가주택 1층에 프랜차이즈 맥주 전문점을 열었습니다. 결과는 실패. 저는 중개업소를 통해 제 점포를 인수해 운영할 사람을 찾았습니다. 그리고 임차인과 2년 기간의 상가임대차계약을 체결했습니다. 이때 특약 조항으로 "권리금을 주장하지 않겠다"라는 문구를 삽입했습니다. 계약 종료 시점이 다가오자 저는 임차인에게 계약을 연장할지 물었습니다. 임차인은 재계약을 하지 않겠다고 합니다. 저는 중개업소에 점포를 내놓았고, 프랜차이즈 업체에도 부탁해 신규 임차인을 구하고자 했습니다. 그런데 임차인이 권리금을 안 받으면 못 나가겠다고 합니

다. 이 경우 어떻게 해야 하나요? 제가 권리금을 줘야 하나요?

A. 일단 임대차계약이 끝나면 임차인은 아무것도 주장할 수 없습니다. 임차인이 권리금을 주장할 수 있는 시기는 계약 종료 3개월 전부터입니다. 지금 임차인이 권리금을 받고자 한다면 본인이 직접 신규 임차인을 구해 임대인에게 소개해야 합니다. 그러면 임대인은 개정된 법에 따라 그 신규 임차인과 특별한 사정이 없는 한 상가임대차계약을 체결해야 할 의무가 있습니다.

따라서 지금은 현재 임차인이 신규 임차인을 찾아올 때까지 기다리는 수밖에 없습니다. 그리고 현재 임차인이 구한 신규 임차인과 상가임대차계약을 체결하면 됩니다. 만일 현재 임차인이 신규 임차인을 찾아오지 못할 경우엔 저절로 상가임대차계약이 종료됩니다.

무엇보다도 권리금계약은 상가임대차계약에 부종하는 계약임을 기억해야 합니다. 즉 상가임대차계약이 종료되면 임차인은 처음 계약할 당시의 점포 형태로 원상회복시킬 의무밖에 없습니다. 권리금을 주장할 근거가 사라집니다.

따라서 임대인이 임차인에게 자신이 받지도 않은 권리금을 줄 이유도 없습니다. 또한 신규 임차인을 찾는 일은 순전히 현재 임차인의 몫입니다. 임대인은 계약이 끝나는 날까지 그냥 기다리면 됩니다. 만일 임차인이 계약 종료 후에도 권리금을 운운하며 점포를 점유하고 있다면, 불법 점유에 대한 명도소송을 내고 손해배상을 청구하면 됩니다.

사례 3 **시설 권리금**

Q. 어린이들을 대상으로 미술학원을 운영하고 있습니다. 상가임대차계약 당시 권리금은 없었고, 임대인은 보증금 1천만 원에 월 임대료 80만 원을 요구했습니다. 비어 있던 점포를 계약한 거라 인테리어 비용으로 상당한 금액을 지출했습니다. 아직 계약 기간은 꽤 남아 있는 상황입니다. 계약 종료 시점이 되었을 때, 제가 새로운 임차인을 구하지 않아도 임대인에게 시설 권리금을 주장할 수 있을지 궁금합니다. 아니면 권리금을 받을 수 있는 다른 방법이 있는지 궁금합니다. 만일 이대로 계약이 종료된다면, 제가 투자한 인테리어 비용은 아무 보상도 못 받나요?

A. 임대인에게 시설 권리금을 주장할 수는 없습니다. 입장을 바꿔 본인이 임대인이라고 생각해보면 됩니다. 임차인에게 시설 권리금을 주겠습니까? 아마 말도 안 된다고 할 것입니다. 상가임대차계약서를 보면, "계약 종료 시점이 되면 임차인이 원상회복한다"라는 문구가 적혀 있습니다. 이에 따라 임차인은 계약 종료 시 시설 인테리어를 전부 철거해 처음의 공실 상태로 만들어야 할 의무가 있습니다. 만일 임차인이 철거하지 않고 그냥 나갈 경우, 임대인은 보증금에서 철거 비용을 뺀 후 되돌려줄 것입니다.

따라서 임차인이 권리금을 조금이라도 받고 싶다면, 계약 종료 3개월 전에 직접 새로운 임차인을 찾아내야 합니다. 그리고 새 임차인이 임대인과 계약하게 만들어야 합니다. 이 경우 임대인은 특별한 사정이 없는 한 거절할 수 없습니다. 특별한 사정의 내용은 상가건물임대차보호법 제10조의4 제2항을 참고하면 됩니다.

사례 4 영업 권리금

Q. 5년째 한 점포에서 약국을 운영하고 있는 약사입니다. 처음엔 2년 기간으로 계약했고, 이후 1년씩 연장했습니다. 계약 종료 시점이 될 때마다 월 임대료와 보증금을 조금씩 올려주었습니다. 현재 계약 종료일까지 6개월 정도 남은 상황입니다. 최근 임대인은 점포를 다른 사람에게 팔았습니다. 제게도 이 사실을 통보해주었고요. 그런데 새로 온 건물주는 계약 연장 의사가 없다고 합니다.

저는 지인을 통해 소개받은 A약사에게 약국을 인수할 것을 제안했고, A약사도 찬성했습니다. 저희는 구두로 계약 종료 후 A약사는 새 건물주와 상가임대차계약을 맺고, 현재 임차인인 제게는 권리금으로 1억 원을 주기로 합의했습니다. 이 사실을 새 건물주에게 알렸더니, 자신은 인정할 수 없다고 합니다. 그러면서 새 임차인으로 이미 B약사를 선정해뒀다고 합니다. 저는 B약사를 만나 권리금으로 1억 원을 요구했습니다. 그러자 B약사는 이미 새 건물주(임대인)에게 1억 원을 주기로 했다고 합니다. 너무도 억울합니다. 제가 받아야 할 권리금을 새 건물주가 받을 수 있나요? 소송이라도 하고 싶은데, 이 경우 제가 이길 수 있나요?

A. 충분히 황당한 상황입니다. 결론부터 이야기하면, 질문하신 분이 소송할 필요는 없습니다. 원칙은 간단합니다. 먼저 질문자는

A약사와 권리금계약을 체결할 수 있습니다. 그리고 A약사와 임대인(새로운 건물주)은 상가임대차계약을 맺어야 합니다. 상가건물임대차보호법 제10조의4에 근거하여 임대인은 A약사와 계약을 진행해야만 합니다. 단, 적용할 수 있는 시기는 지금이 아니라 계약 종료 3개월 전부터 종료 시점까지입니다. 아직 6개월이라는 계약 기간이 남아 있으므로, 벌써부터 임대인과 다툴 이유는 없습니다. 그냥 가만히 있다가, 적용 시점이 되면 임차인의 권리를 주장하면 됩니다. 이것이 개정된 상가건물임대차보호법의 주된 내용입니다.

만일 임대인이 B약사와 계약해 질문자가 권리금을 한 푼도 못 받을 상황이 되면 상가건물임대차보호법 제10조의4 제3항에 의거해 손해배상을 청구하면 됩니다. 단, 손해배상 청구권은 임대차가 종료한 날로부터 3년 이내에 행사해야 합니다.

여기서 잠깐 생각해볼 것은 새 건물주의 의도입니다. 제 생각에 새 건물주는 권리금에 대해 잘 아는 분 같습니다. 즉 임대인이 B약사로부터 받겠다는 1억 원은 영업 권리금이 아닌 지역 권리금이라고 주장할 것입니다. 만일 임대인이 권리금의 이해관계를 잘 알고 있다면 질문자에게 "신규 임차인인 A약사가 지불하는 1억 원에는 지역 권리금도 포함돼 있으므로, 임대인인 자신도 일부를 받을 수 있다"라고 주장할 수 있습니다. 여기서 다툼의 소지가 발생합니다. 이 경우 소송으로 진행될 확률이 큰데, 소송 제기자는 질문자가 아닌 임대인이 될 것입니다. 질문자가 말한 소송과는 다른 취지로 이해해야 합니다.

개정된 법에 따라 질문자는 당당히 권리금 1억 원을 받을 수 있으며, 나중에 임대인이 질문자가 받은 1억 원에 지역 권리금이 포함돼 있으니 일부 돌려달라고 소송을 낼 가능성은 있습니다. 하지만 이것은 차후의 문제입니다. 소송이 생각보다 쉽지 않습니다. 이번에 개정된 법률안이 가진 허점이지만, 어쩔 수 없습니다. 법정에서 시시비비를 가린 결과, 질문자가 받은 권리금의 일부를 임대인에게 줘야 할 상황이 발생할 수도 있습니다. 그런데 임대인이 이 내용을 모르면 아무 일도 생기지 않습니다. 임차인은 그냥 권리금 1억 원을 자신이 받아야 한다고 주장하면 됩니다.

사례 5 | 임대인의 고액 차임 요구

Q. 앞으로 4개월 뒤에 임대차계약이 종료됩니다. 4년 전, 2년 기간으로 계약을 체결했고, 이후 2년을 연장해 지금까지 점포사업을 운영하고 있습니다. 처음 계약할 때 권리금으로 8천만 원을 지불했습니다. 초반에는 장사가 잘돼 재계약하는 게 당연했는데, 불황 탓인지 요즘 들어 손님이 많이 줄었습니다. 그래서 임대인을 만나 점포사업을 더 이상 지속하기 힘들다고 통보했습니다. 제가 새 임차인을 구하겠다고 하니, 임대인은 과하다 싶을 정도로 높은 월 임대료와 보증금을 요구합니다. 지금 같은 상황에선 시간이 갈수록 손해만 커집니다. 당장이라도 사업을 접고 싶은데, 임차인으로서 법의 보호를 받을 수 있나요?

A. 당연히 법의 보호를 받을 수 있습니다. 권리금계약은 계약 종료 3개월 전부터 종료 기일까지 할 수 있습니다. 계약 종료 시점까지 4개월 정도 남았으므로, 지금부터 신규 임차인을 알아봐야 합니다. 약 한 달 뒤면 중개업자가 소개한 새 임차인과 당당히 계약할 수 있습니다. 임대인은 특별한 사정이 없는 한 현재 임차인이 소개하는 새 임차인과 상가임대차계약을 체결해야 합니다. 여기서 특별한 사정이란, 다음의 네 가지 경우를 말합니다.

1. 신규 임차인이 되려는 자가 보증금 또는 차임을 지급할 자력이 없는 경우
2. 신규 임차인이 되려는 자가 임차인으로서의 의무를 위반할 우려가 있거나, 그 밖에 임대차를 유지하기 어려운 상당한 사유가 있는 경우
3. 임대인이 상가건물을 1년 6개월 이상 영리 목적으로 사용하지 아니한 경우
4. 임대인이 선택한 신규 임차인이 임차인과 권리금계약을 체결하고 그 권리금을 지급한 경우

따라서 질문자가 곤란할 상황은 계약 종료 전 3개월 동안 새로운 임차인을 구하지 못하는 경우입니다. 이 경우 질문자는 법의 보호를 받을 수 없습니다. 지금 당장 중개업소에 새로운 임차인을 찾아달라고 요청해야 합니다.

임대인이 월 임대료와 보증금을 많이 높이겠다는 주장을 꺾지 않는다면, "임차인이 주선한 신규 임차인이 되려는 자에게 현저히

고액의 차임과 보증금을 요구하는 행위는 상가건물임대차보호법에 위반된다"고 주장하면 됩니다. 신규 임차인에게 높은 임대료를 요구해 상가임대차계약이 원만히 진행되지 않을 경우, 바로 손해배상 청구소송을 진행하겠다고 임대인에게 통보하면 됩니다.

사례 6 임대인이 점포사업 직접 운영

Q. 제 부모님은 퇴직 후 노래방을 운영하고 계십니다. 약 5년 동안 운영하셨는데, 사정이 생겨 더 이상 운영하실 수 없게 되셨습니다. 3개월 뒤 임대차계약이 종료되면 부모님은 노래방을 제3자에게 넘기실 계획입니다. 그런데 임대인이 노래방을 인수해 직접 운영하겠다고 합니다.
문제는 권리금입니다. 5년 전 부모님은 1억 원의 권리금을 주고 들어왔는데, 임대인은 자기 점포이므로 권리금을 한 푼도 지급할 수 없다고 합니다. 정말 부모님은 권리금을 받을 수 없나요? 소송을 해서라도 받고 싶은데, 가능할까요?

A. 권리금 때문에 소송까지 할 필요는 없습니다. 부모님은 제3자에게 권리금을 받고 노래방을 넘겨줄 수 있습니다. 임대인은 부모님이 데려온 제3자와 상가임대차계약을 체결해야 합니다. 이를 거부할 경우, 방해 행위에 해당됩니다. 그 근거는 상가건물임대차보호법 제10조의4(권리금 회수기회 보호 등) 제1항의 내용에 있습니다. 이 법조문에 따라 임대인은 다음의 네 가지 행위를 해서는 안 됩니다.

1. 임차인이 주선한 신규 임차인이 되려는 자에게 권리금을 요구하거나 임차인이 주선한 신규 임차인이 되려는 자로부터 권리금을 수수하는 행위
2. 임차인이 주선한 신규 임차인이 되려는 자로 하여금 임차인에게 권리금을 지급하지 못하게 하는 행위
3. 임차인이 주선한 신규 임차인이 되려는 자에게 상가건물에 관한 조세, 공과금, 주변 상가건물의 차임 및 보증금, 그 밖의 부담에 따른 금액에 비추어 현저히 고액의 차임과 보증금을 요구하는 행위
4. 그 밖에 정당한 사유 없이 임대인이 임차인이 주선한 신규 임차인이 되려는 자와 임대차계약의 체결을 거절하는 행위

지금 문제가 되는 것은 임대인이 새 임대차계약을 진행하지 않고, 본인이 직접 노래방을 운영할 경우입니다. 일단 법조문에 근거해 질문자의 부모님은 손해배상을 청구할 수 있습니다. 문제는 임대인이 악의적으로 나올 때입니다.

먼저 임대인의 입장을 살펴보겠습니다. 지금 임대인은 노래방을 운영하고 싶지만, 권리금을 주기는 싫은 것입니다. 끝까지 권리금을 안 주고 싶은 임대인은 다음과 같은 선택을 할 수 있습니다. 바로 1년 6개월 이상 점포를 비워두는 방법입니다. 상가건물임대차보호법 제10조의4 제2항 제3호를 보면 이해할 수 있습니다. "임대차 목적물인 상가건물을 1년 6개월 이상 영리 목적으로 사용하지 아니한 경우", 임대인은 임차인이 주선한 신규 임차인과의 계약을

거절할 수 있습니다.

　이렇게 되면 현재 임차인인 질문자의 부모님은 권리금을 받을 수 없을뿐더러 손해배상 청구도 할 수 없습니다. 물론 이렇게 진행되기 위해서는 임대인 입장에서 실익을 따져 보아야 합니다. 임대인은 질문자의 부모님에게 1억 원의 권리금을 주는 것과 1년 6개월 동안 공실로 두는 것 중 어느 쪽이 자신에게 이익일지 계산하게 됩니다.

　만일 임대인이 비영리를 목적으로 점포를 공실로 두겠다고 한다면 질문자의 부모님이 오히려 손해입니다. 왜냐하면 현재의 노래방을 계약 당시 상태로 원상회복시켜야 하기 때문입니다. 권리금도 못 받는 상황에서 철거 비용까지 부담해야 하니, 임차인 입장에서는 이래저래 손해입니다. 이 경우 억울하다고 소송을 해봤자 아무 의미도 없습니다. 어차피 임대인은 법조문에 따라 행동한 것이기 때문입니다. 결국은 적정 수준에서 타협하는 것이 최선의 방법입니다.

　물론 질문자의 부모님이 소송을 진행해 이기는 경우도 있습니다. 임대인이 신규 임차인과의 상가임대차계약을 거절하고, 부모님에게 권리금도 안 주고 본인이 직접 노래방을 운영하는 경우입니다. 그런데 임대인은 이렇게까지 하지는 않을 것입니다. 차라리 점포를 1년 6개월 동안 비영리로 방치하는 방법을 택할 수 있습니다. 그러면 질문자의 부모님은 소송을 할 수 없게 됩니다.

사례 7 상가건물임대차보호법의 적용대상

Q. 세입자가 있는 아파트를 매수했습니다. 현재 세입자는 그 아파트에서 어린이집을 운영하고 있습니다. 매도인이 운영하던 어린이집을 현재의 세입자가 권리금을 주고 넘겨받았다고 합니다. 최근 권리금 보호를 위해 상가건물임대차보호법이 개정되었다고 하는데, 걱정입니다. 세입자가 저에게 권리금 반환청구를 할 수 있나요? 권리금은 구경도 못한 제가 돌려줘야 한다면, 너무도 억울합니다.

A. 걱정하지 않아도 됩니다. 상가건물임대차보호법 제2조(적용범위) 제1항에는 "이 법은 상가건물(제3조 제1항에 따른 사업자등록의 대상이 되는 건물을 말한다)의 임대차(임대차 목적물의 주된 부분을 영업용으로 사용하는 경우를 포함한다)에 대하여 적용한다. 다만, 대통령령으로 정하는 보증금액을 초과하는 임대차에 대하여는 그러하지 아니하다"라는 내용이 담겨 있습니다.

이 법조문에 따르면, 현재 세입자는 임대차계약이 종료되면 그냥 끝입니다. 더군다나 권리금은 반환해주는 것도 아니고, 임대인에게 반환청구를 할 수도 없습니다.

사례 8 임차인의 계약갱신 요구

Q. 2년 기간의 임대차계약 종료일이 이제 2달 남았습니다. 2년 전에 권리금 없이 계약하면서 특약 조항으로 "임차인은 권리금을 주장하지 않겠

다"라는 문구를 기입했습니다. 어차피 저도 권리금을 안 주고 들어가는 것이라 순순히 '오케이' 했습니다.

제가 인수할 때만 해도 장사가 잘 안 되는 음식점이었습니다. 저는 손님을 끌기 위해 인테리어도 부분적으로 바꾸고, 음식 맛도 좋게 하는 등 정말 열심히 일했습니다. 그런데 계약 종료 시점이 다가오니 임대인이 나가 달라고 합니다. 문제는 임대인이 새로운 임차인에게서 권리금을 받겠다는 데 있습니다. 제가 권리금이 욕심나서 이러는 것이 아닙니다. 정말 열심히 장사해서 망해가는 점포를 살려놓았더니, 자기가 권리금을 받겠다며 계약 연장을 할 수 없다고 하는 임대인의 횡포가 너무도 괘씸해서 화병이 생길 지경입니다. 이 경우 저는 아무것도 주장할 수 없나요? 이대로 점포를 비워줘야 하나요?

A. 상가임대차보호법에 명시된 '계약갱신요구권 및 권리금에 대한 적용범위'는 모든 상가임대차에 해당하는 조항입니다. 따라서 질문자는 건물을 비워주지 않아도 됩니다.

상가건물임대차보호법 제10조(계약갱신 요구 등) 제2항을 보면, "임차인의 계약갱신요구권은 최초의 임대차 기간을 포함한 전체 임대차 기간이 5년을 초과하지 아니하는 범위에서만 행사할 수 있다"라는 문구가 명시돼 있습니다.

따라서 현재 질문자의 임대차계약 기간은 2년이지만 상가임대차보호법에 근거하여 5년이 지나지 않았으므로, 앞으로 3년은 더 영업할 수 있습니다. 그렇다고 임대인이 월 임대료를 많이 올리는 방법으로 질문자를 괴롭힐 수도 없습니다. 상가건물임대차보호법의 적용대상 건물이면, 상가건물임대차보호법 시행령 제4조에 따라 임대인은 청구 당시의 월 임대료 또는 보증금의 9%를 초과해 올리지 못합니다.

따라서 질문자는 음식점을 3년 더 운영하시다가, 계약 종료 3개월 전에 신규 임차인을 구해 권리금을 받으시면 됩니다. 너무 억울해하지 말고, 법대로 하면 됩니다.

사례 9   임대인의 비영리 목적 운영

Q. 20년 동안 한 점포에서 음식점을 운영하고 있습니다. 최근 5년 동안은 그냥 묵시적으로 계약을 갱신했고, 그전에는 계약 종료일이 되면 새로 계약서를 작성했습니다. 얼마 전 임대인은 더 이상 계약 연장을 하지 않겠다고 통보해왔습니다. 그러면서 현재 영업 중인 점포를 비영리 목적으로 사용하겠다고 했습니다. 새로운 임대차계약을 체결하지 않겠다는 임대인의 뜻을 제가 그냥 받아들여야 하나요? 이번에 상가건물임대차보호법이 개정되면서 권리금 보호 방안이 있다고 하는데, 제 권리금도 보호받을 수 있나요?

A. 안타깝지만, 질문자는 권리금을 받지 못합니다. 임대인이 영리 목적으로 점포를 사용하는 것이 아니라서, 임차인은 권리금을 주장할 수 없습니다. 설령 20년 전에 질문자가 임대인에게 권리금을

췄다고 하더라도, 되돌려 달라고 요구할 수 없습니다.

　이제 질문자가 계약 종료 3개월 전에 새로운 임차인을 데리고 왔을 때, 임대인이 그 신규 임차인과 계약을 해야 하는가의 문제가 남습니다. 즉 건물주가 다른 용도로 건물을 사용하는 것이 권리금 수수 행위를 방해하는 일에 해당되는지 여부에 대한 의문입니다. 더군다나 아직 이 법률로 인해 소송이 발생된 적이 없기 때문에 판례에 근거해 답변드릴 수도 없습니다. 제 생각으로는, 이 경우 임차인이 불리할 것 같습니다.

　상가건물임대차보호법의 최대 계약갱신 요구 기간은 5년입니다. 즉 임차인이 5년까지 점포사업을 할 수 있는 권리를 주장하면 무조건 이유 없이 5년 동안 영업을 할 수 있습니다. 그 뒤는 상가건물임대차보호법의 계약갱신 요구를 주장할 수 없습니다. 이미 질문자는 한 점포에서 20년간 영업했으므로, 임차인으로서의 권리를 충분히 누렸다고 볼 수 있습니다.

　그럼에도 질문자는 "20년 동안 한 점포에서 영업했기에 영업 권리금을 받겠다"라고 주장하실 것입니다. 만일 임대인이 계약 연장을 하지 않는 이유가 임차인의 음식점 아이템을 그대로 사용해 자신이 직접 점포사업을 하려는 것이 목적이라면, 질문자가 소송했을 때 유리한 판결을 받을 수 있을 거라 판단됩니다. 왜냐하면 임차인과 재계약하지 않고 임차인이 형성한 영업적 가치를 아무런 제한 없이 이용할 수 있게 되므로, 임대인은 임차인이 20년 동안 닦아놓은 길에 무임승차하는 것이기 때문입니다. 이는 상가건물임대차보호법의 개정 이유에 나와 있는 내용입니다.

그러나 지금 상황은 임대인이 직접, 그것도 비영리로 사용하겠다는 것입니다. 임대인이 점포를 비영리 목적으로 사용하겠다는 것으로 봐서, 이미 임대인은 법률을 상세히 검토한 것으로 보입니다.

따라서 질문자는 개정된 상가건물임대차보호법의 비호를 받을 수 없습니다. 저는 20년 동안 한 점포에서 장사하게 해준 임대인에게 감사의 말을 전하고, 서로 웃으며 헤어지는 것이 좋다고 생각합니다. 임대인이 비영리로 점포를 사용한다는 데도 굳이 임대인에게 권리금을 받고자 하는 것은 임차인의 지나친 욕심 같습니다.

사례10 지역 권리금

Q. 제가 아는 형님의 부친이 신도시 택지지구에 있는 상가 부지를 매입해 상가건물을 새로 지었습니다. 형님의 부친은 이 상가건물을 분양하지 않고 전부 형님 명의로 해놓았습니다. 즉 상속 차원에서 상가건물을 신축해 아들에게 넘겨준 것입니다. 그런데 형님이 임대차계약을 하면서 임차인으로부터 권리금을 받겠다고 합니다. 어차피 계약 종료 후 임차인도 새로운 임차인에게서 권리금을 받을 것이므로, 자기도 받겠다는 것입니다. 이게 가능한가요?

A. 네, 가능합니다. 임대인이 받는 권리금을 '지역 권리금'이라고 합니다. 지역 권리금이 형성되려면 무엇보다 입지가 좋아야 하고, 누구나 그 점포를 얻고자 할 정도로 경쟁력이 있어야 합니다. 단, 과도한 권리금을 받을 경우 나중에 분쟁의 씨앗이 되니, 적정한 수준에서 협의하기 바랍니다.

지역 권리금은 임대차계약이 정상적으로 종료됐을 때 임차인이 임대인에게 돌려달라고 요구할 수 없는 돈입니다. 따라서 받을 수 있다면 받기 바랍니다.

사례11 계약갱신 요구

Q. 2년 전, 권리금 2500만 원을 주고 점포를 임대해 운영하고 있습니다. 계약 종료일이 약 6개월쯤 남았는데, 건물주가 상가를 신축하겠다면서 재계약을 하지 않겠다고 합니다. 그러면서 1천만 원을 줄 터이니, 다른 점포를 알아보라고 합니다. 저는 장사도 그럭저럭 잘되고 해서 옮겨갈 생각이 없습니다. 제 경우, 최초의 계약인 2년을 포함해 최대 5년까지 계약 연장을 요구할 수 있다고 하는데, 맞나요?

A. 임차인이 계약갱신을 요구할 때, 임대인도 거절할 수 있는 경우가 있습니다. 상가건물임대차보호법 제10조 제1항을 참고하시면 됩니다.

제10조(계약갱신 요구 등) ① 임대인은 임차인이 임대차기간이 만료되기 6개월 전부터 1개월 전까지 사이에 계약갱신을 요구할 경우 정당한 사유 없이 거절하지 못한다. 다만, 다음 각 호의 어느 하나의 경우에는 그러하지 아니하다.

1. 임차인이 3기의 차임액에 해당하는 금액에 이르도록 차임을 연체한 사실이 있는 경우
2. 임차인이 거짓이나 그 밖의 부정한 방법으로 임차한 경우
3. 서로 합의하여 임대인이 임차인에게 상당한 보상을 제공한 경우
4. 임차인이 임대인의 동의 없이 목적 건물의 전부 또는 일부를 전대(轉貸)한 경우
5. 임차인이 임차한 건물의 전부 또는 일부를 고의나 중대한 과실로 파손한 경우
6. 임차한 건물의 전부 또는 일부가 멸실되어 임대차의 목적을 달성하지 못할 경우
7. 임대인이 다음 각 목의 어느 하나에 해당하는 사유로 목적 건물의 전부 또는 대부분을 철거하거나 재건축하기 위하여 목적 건물의 점유를 회복할 필요가 있는 경우

　가. 임대차계약 체결 당시 공사시기 및 소요기간 등을 포함한 철거 또는 재건축 계획을 임차인에게 구체적으로 고지하고 그 계획에 따르는 경우
　나. 건물이 노후·훼손 또는 일부 멸실되는 등 안전사고의 우려가 있는 경우다. 다른 법령에 따라 철거 또는 재건축이 이루어지는 경우

> 8. 그 밖에 임차인이 임차인으로서의 의무를 현저히 위반하거나 임대차를 계속하기 어려운 중대한 사유가 있는 경우

질문자의 경우, 제1항 제3호 "서로 합의하여 임대인이 임차인에게 상당한 보상을 제공한 경우"에 해당합니다. 물론 임대인이 제시한 1천만 원은 일방적인 것이고, 임차인이 합의해준 사항은 아니라고 주장할 수 있습니다.

또 하나 검토할 내용은 제1항 제7호의 "가. 임대차계약 체결 당시 공사시기 및 소요기간 등을 포함한 철거 또는 재건축 계획을 임차인에게 구체적으로 고지하고 그 계획에 따르는 경우"입니다. 임차인인 질문자는 계약 당시 점포의 철거 및 재건축 계획에 대해서 들은 바가 전혀 없으므로, 임대인은 점포를 비워달라고 주장하기 어렵습니다. 이런 경우 질문자는 다음의 두 가지 방법 중 하나를 선택할 수 있습니다.

첫째, 질문자가 생각하는 합당한 금액을 시설 권리금으로 주장해서 임대인으로부터 보상을 받습니다.

둘째, 원만한 해결책을 찾지 못할 경우, 임대인에게 5년까지 계약을 연장해달라고 요구합니다.

사례12 상가임대차계약 종료 및 신규 계약

Q. 2014년, 4층 건물을 매입했습니다. 매입 당시 1층 점포엔 2007년부터 영업해온 임차인이 있었습니다. 약 8년 동안 한자리에서 점포사업을 해오던 임차인입니다. 건물을 인수하면서 저는 1층 임차인에게 전 건물주와 맺은 임대차 기간만 보장하겠다고 분명히 밝혔습니다. 즉 계약 기간이 남아 있는 동안은 점포사업을 계속하고, 계약 기간이 종료하면 재계약을 하지 않겠다는 내용을 문서로 작성했습니다.

이렇게 합의했는데도 임차인은 계약 종료 시점이 되자 다른 말을 합니다. 상가건물임대차보호법이 바뀌었으므로 자신도 권리금을 받을 수 있다며, 신규 임차인을 구해 권리금을 받고 나가겠다고 합니다. 이미 신규 임차인도 구해놓은 것 같습니다. 저는 1층 점포에 기존 국밥집 대신 프랜차이즈 제과점을 들여놓고 싶습니다. 제 의도대로 할 수 있나요?

A. 할 수 없습니다. 이번에 상가건물임대차보호법이 개정된 가장 큰 이유가 바로 이러한 문제를 해결하기 위해서입니다. 현재 임차인이 권리금을 수령하고자 새로운 임차인을 구해오면, 임대인인 질문자는 특별한 사정이 없는 한 계약을 체결해야 합니다. 그러나 새로운 임차인을 구하기 전에 임대차계약이 종료되면, 임대인이 하고 싶은 대로 할 수 있습니다.

앞으로 생겨날 수 있는 권리금 분쟁

임대인, 신규 임차인 입장에서 본 권리금 관련 가상 사례

이번에는 개정된 상가건물임대차보호법에 근거해 앞으로 발생할 수 있는 사례들을 가상으로 구성해보았습니다. 실제 사례는 아니지만, 현실에서 충분히 발생할 수 있는 사례들이므로 권리금을 이해하는 데 도움이 되리라 생각합니다. 임대인이나 신규 임차인 입장에서 보면, 왜 다툴 수밖에 없는지 이해될 것입니다.

사례 13 임대인의 지역 권리금

Q. 1층 점포를 하나 소유하고 있습니다. 화장품 가게로 사용되던 점포는 현재 한 달째 공실 상태입니다. 장사가 안 된 까닭에 전 임차인은 재계약을 포기하고 나갔습니다. 이렇게 임대차계약은 자연스럽게 종료되었고, 최근 중개업자가 새 임차인을 소개해주었습니다. 이 경우 임대인인 제가 권리금을 받을 수 있나요?

A. 네, 받을 수 있습니다. 지역 권리금이란 명목으로 당당하게 요구해도 됩니다. 지금까지는 임차인들끼리 권리금을 주고받는 것으로 알고 있었는데, 이번에 상가건물임대차보호법이 개정되면서 임대인도 받을 수 있게 되었습니다.

상가건물임대차보법 제10조의3(권리금의 정의 등) 제1항에는 "권리금이란 임대차 목적물인 상가건물에서 영업을 하는 자 또는 영업을 하려는 자가 영업시설·비품, 거래처, 신용, 영업상의 노하우, 상가건물의 위치에 따른 영업상의 이점 등 유형·무형의 재산적 가치의 양도 또는 이용대가로서 임대인, 임차인에게 보증금과 차임 이외에 지급하는 금전 등의 대가를 말한다"라고 명시돼 있습니다.

이 법조문을 보시면, '임대인, 임차인에게 보증금과 차임 이외에 지급하는 금전 등의 대가'라는 문구가 있습니다. 즉 법이 나서서 임대인도 권리금을 받을 수 있다고 한 것입니다.

사례14 임대인이 요구 가능한 지역 권리금

Q. 상가 소유주인 저는 한 달 뒤 새로운 임대차계약을 체결할 계획입니다. 6년 동안 제과점을 운영하던 현재 임차인이 중개업소를 통해 소개받은 신규 임차인을 데리고 왔습니다. 새로 오는 임차인은 40대 부부로, 앞으로 순댓국 가게를 하겠다고 합니다. 현재 임차인이 권리금 명목으로 1억 5천만 원을 요구하고 있는 것으로 알고 있습니다. 임대인도 권리금을 받을 수 있다고 하는데, 1억 5천만 원 중 얼마를 제가 요구할 수 있나요?

A. 네, 요구할 수 있습니다. 제과점에서 순댓국 가게로 업종이 바뀐다고 한다면, 현재 임차인이 주장할 수 있는 권리금의 성격이 무엇인지 살펴봐야 합니다. 시설 권리금이나 영업 권리금은 주장할 수 없을 것 같습니다. 그럼, 지역 권리금만 남습니다. 물론 다른 특수한 권리금도 있지만, 그런 종류의 권리금에 해당하는 점포는 아닌 것 같습니다. 그렇다면 지역 권리금은 임대인의 몫입니다.

일단 상가건물임대차보호법에 의거해 임대인인 질문자는 순댓국 가게를 하고자 하는 임차인과 계약을 체결해야 합니다. 계약 종료 3개월 전부터는 상가건물임대차보호법 제10조의4(권리금 회수기회 보호 등)에 따라 새로운 임차인을 구해온 현재 임차인이 권리금을 받을 수 있는 것을 임대인이 방해하면 안 되기 때문입니다.

따라서 일단 새로운 상가임대차계약을 맺으면 됩니다. 그런 다음 질문자가 가져야 할 지역 권리금을 부당하게 현재 임차인이 취득했으므로, 현재 임차인을 대상으로 부당이득 반환청구 소송을 진행하는 방법이 있습니다. 아직 유사한 판례가 없어서 정확히 답변하기는 어렵지만, 조만간 법원의 판결이 있으리라 봅니다. 앞으로 이러한 소송이 발생할 가능성이 아주 많기 때문입니다.

사례 15 신규 임차인의 권리금 협상

Q. 제가 가진 퇴직금과 여유자금으로 점포사업을 준비하고 있습니다. 특별한 기술도 없고 해서 가장 일반적인 치킨 가게를 운영하고자 합니다. 중개업자는 치킨 가게를 하기에 이만큼 좋은 자리가 없다면서, 현재 호프집으로 사용되는 점포를 소개해주었습니다. 보증금 5천만 원에 월 임대료 250만 원, 여기에 권리금이 1억 원이라고 합니다. 현재 임차인의 계약기간은 아직 한 달쯤 남아 있습니다. 솔직히 1억 원이라는 권리금이 너무도 부담스럽습니다. 무슨 좋은 방법이 없나요?

A. 방법은 딱 하나 있습니다. 임대차계약이 종료될 때까지 기다리면 됩니다. 임대차계약이 종료되면 현재 임차인은 권리금을 주장하지 못합니다. 아마 현재 임차인은 시설 권리금, 영업 권리금 등으로 구분하지 않고, 그냥 '권리금'이라는 말로 뭉뚱그려 1억 원을 달라고 할 것입니다.

한번 생각해봐야 합니다. 호프집의 인테리어는 치킨 가게와 다소 비슷할 수 있으나, 호프집의 영업 노하우는 치킨 가게에 적용하기 어렵습니다. 따라서 권리금의 성격은 시설 권리금과 지역 권리금, 그리고 아주 미미하지만 영업 권리금이라고 말할 수 있습니다. 이때 지역 권리금은 임대인이 받을 수 있는 권리금이므로 현재 임차인은 주장할 수 없습니다.

질문자는 굳이 지금 그 점포를 인수할 까닭이 없습니다. 계약 종료 시점인 한 달 뒤엔 권리금을 한 푼도 지불하지 않고 들어갈 수 있습니다. 만일 지금 계약해야 한다면, 협상을 통해 권리금을 최대한 낮추기 바랍니다. 이러한 사실을 임대인이나 중개업자에게 충분히 인지시킨 후 협상하면 좋은 결과를 얻을 것입니다.

사례16 권리금계약에 따른 손해배상

Q. 정년퇴직 후 점포사업을 준비하고 있습니다. 관심 업종은 커피숍입니다. 현재 모 지역의 P커피숍이 매물로 나와 있어 검토 중입니다. P커피숍을 운영 중인 임차인은 권리금 명목으로 3억 원을 요구하고 있습니다. 그의 말에 따르면, 인테리어 비용으로 약 2억 원 정도가 투자되었다고 합니다. P커피숍의 운영자가 요구하는 권리금의 세부 명목은 시설 권리금으로 1억 5천만 원, 영업 권리금으로 1억 5천만 원입니다. 영업을 시작한 지는 이제 2년 6개월쯤 되었고, 계약 기간은 아직 1년 6개월 정도 남아 있는 상황입니다.

제가 계약할 경우, 임대인과 새로운 상가임대차계약을 체결할 것입니다. 현재 임차인이 제시한 평균 매출액을 보면 장사가 잘되는 것 같은데, 현재 임차인의 말을 곧이곧대로 믿어야 할지 고민입니다. 제가 걱정하는 것은 실제로 커피숍을 인수하고 상가임대차계약을 맺었는데, 현재 임차인이 제시한 내용과 너무 달라서 제가 실패하게 되는 경우입니다. 이때 제가 손해배상을 청구할 수 있나요?

A. 현재까지는 이러한 경우에 해당하는 소송이 없었지만, 앞으로는 나올 가능성이 있습니다. 아무튼 지금은 이러한 경우에 해당하는 대법원 판례가 없으므로 정확하게 답변하기는 어렵습니다. 상가건물임대차보호법이 개정되면서 음성적으로 거래되던 권리금계약이 이제 합법화되었습니다. 일반적으로 권리금계약은 시설 권리금이나 영업 권리금이 그만한 가치가 있을 때 이루어집니다. 그러나 신규 임차인 입장에서는 권리금을 지불할 가치가 있는지, 없는지를 판단할 자료가 거의 없습니다. 자체적으로 시장 조사를 하더라도 한계가 있으므로 현재 임차인과 중개업자가 제시한 자료들을 근거로 판단할 수밖에 없습니다.

만일 질문자가 실제로 점포를 인수하고 보니 시설 권리금으로 지출한 1억 5천만 원의 가치가 없고 월 매출액도 1억 5천만 원의 영업 권리금을 줄 만큼 가치가 없다면 소송을 준비해야 합니다.

물론 신규 임차인이 자신의 판단에 근거해 자발적으로 3억 원을 건넸으므로, 1차적인 책임은 본인에게 있습니다. 그러나 현재 임차인과 중개업자가 신규 임차인이 착오를 일으키도록 기망행위를 해서 금전적 이득을 취했다면 사기 행위로 판단할 여지는 있습니다. 따라서 권리금계약서를 작성할 때 이러한 부분을 명시해서 나중에 소송으로 손해배상을 청구할 근거를 만들어 두기 바랍니다.

사례17 신규 임차인 주선

Q. 저는 상가를 보유하고 있는 건물주입니다. 현재 임차인과는 계약 기간이 2개월 정도 남아 있고, 계약갱신을 하지 않기로 합의가 되었습니다. 그래서 저는 동네 중개업소에 새 임차인을 구해달라고 요청했습니다. 그런데 현재 임차인도 같은 중개업소에 새 임차인을 구해달라고 요청했다고 합니다. 중개업자가 새 임차인을 소개할 경우, 이 임차인을 누가 주선한 것인지 알고 싶습니다.

개정된 상가건물임대차보호법 제10조의4를 보면, "임차인이 주선한 신규 임차인이 되려는 자로부터 권리금을 지급받는 것을 방해하여서는 아니 된다"라는 문구가 나옵니다. 현재 임차인이 아니라 제가 주선한 것이 되면 이 조항에 해당되지 않으므로, 제가 지역 권리금을 받아도 되는 것이 아닌가요?

A. 소송 사례가 없어서 정확히 답변하기는 어렵습니다. 일단 법의 취지를 살펴봐야 합니다. 법은 분명히 '임차인이 주선한 신규 임차인'으로 한정하고 있습니다. 권리금을 받고자 하는 현재 임차인은 신규 임차인을 구하는 등 스스로 노력해야 한다는 의미입니다. 즉 계약이 종료될 때까지 가만히 있어도 권리금을 무조건 확보할 수 있는 것은 아니라는 뜻입니다.

단, 현재 임차인의 자구 노력은 '임대차 기간이 끝나기 3개월 전부터 임대차 종료 시까지'입니다. 그 기간이 지나면 계약 종료가 되어, 그 어떤 권리금도 주장할 수 없습니다.

질문자는 "중개업자가 소개한 신규 임차인을 누가 주선한 것인가?" 하는 문제를 제기했습니다. 이것은 다툼의 소지가 되므로, 서로 협상을 통해 적정선을 찾을 필요가 있습니다. 협상이 결렬되면 각자 자기주장을 할 수밖에 없고, 자칫 소송으로 번질 수 있습니다.

만일 현재 임차인과는 상관없는 중개업소, 즉 임대인이 부탁한 다른 중개업소에서 새로운 임차인을 소개해줬다고 한다면 이는 '임차인이 주선한 신규 임차인'에 해당되지 않습니다. 법조문으로 해석할 때 질문자가 권리금을 요구해도 됩니다.

이 경우, 분명 현재 임차인은 소송을 준비해 손해배상을 청구할 것입니다. 아직까지는 이러한 소송이 발생한 경우가 없어서 정확히 답변할 수는 없으나, 이 같은 상황에서는 임차인이 불리할 것으로 보입니다. 따라서 임대인인 질문자는 지역 권리금을 주장할 수 있을 것으로 판단됩니다.

사례18 임대인의 의무

Q. 한 달 뒤 상가임대차계약이 종료됩니다. 현재 임차인이 중개업소를 통해 소개받은 신규 임차인을 데려왔는데, 제가 보기에 과도한 권리금을 주고받는 것 같습니다. 현재 임차인이 운영하는 한식당은 장사가 안 돼

매달 적자라고 알고 있습니다. 월 임대료도 10개월째 못 내는 형편이라 보증금에서 제하는 중입니다. 현재 보증금이 거의 남아 있지 않은 상태입니다. 그럼에도 불구하고 현재 임차인은 권리금 명목으로 신규 임차인에게 1억 5천만 원을 요구한 것 같습니다. 중개업소도 이 사정을 잘 알 터인데, 계약을 성사시키기 위해 입을 다문 듯합니다. 이 모든 사실을 알고도 모른 척 하려니, 신규 임차인이 너무 안됐습니다. 이러한 사실을 신규 임차인에게 말해도 되나요?

A. 안 될 것 같습니다. 신규 임차인을 걱정하는 마음은 알겠으나, 법은 이 같은 행위를 허락지 않습니다. 상가건물임대차보호법 제10조의4 제1항에 "임차인이 주선한 신규 임차인이 되려는 자로부터 권리금을 지급받는 것을 방해하여서는 아니 된다"라고 명시돼 있습니다. 즉 임대인은 임차인이 주선한 신규 임차인이 권리금을 지급하는 것을 방해해서는 안 된다는 말입니다.

만일 질문자가 신규 임차인에게 "권리금 액수가 너무 많은 것 같다"라고 말해서 권리금계약이 체결되지 않을 경우, 이는 임대인의 방해 행위에 해당됩니다. 이번에 개정된 상가건물임대차보호법의 한계라고 볼 수 있습니다. 이대로 계약이 진행될 경우 신규 임차인은 엄청난 위험에 빠지게 될 것이고, 큰 변수가 없는 한 점포 사업이 실패할 확률이 높을 것입니다.

이를 염려한 질문자가 상가건물임대차보호법 제10조의4 제2항 제1호("임차인이 주선한 신규 임차인이 되려는 자가 보증금 또는 차임을 지급할 자력이 없는 경우"), 제2호("임차인이 주선한 신규 임차인이 되려는 자가 임차인으로서의 의무를 위반할 우려가 있거나 그 밖에 임대차를 유지하기 어려운 상당한 사유가 있는 경우")에 근거해 신규 임차인에게 '과도한 권리금'이라는 언질을 줄 수도 있겠지요. 이 경우, 분명 현재 임차인은 "임대인이 권리금을 받지 못하도록 방해 행위를 했다"고 주장하면서 질문자에게 손해배상을 청구할 것입니다.

결국 소송으로 다툼을 해결해야 합니다. 좋은 일을 하고도 소송에 휩쓸릴 가능성이 있습니다. 아직까지 이러한 경우에 해당하는 소송이나 판례가 없어서 더 정확히 답변할 수 없어 안타깝습니다.

사례19 권리금 가액 평가

Q. 창업을 준비하는 사람으로서 상가건물임대차보호법이 개정되어 참 다행이라고 생각했습니다. 제 경우, 점포 자리를 알아보는 중에 권리금 가액이 문제가 되었습니다. 저는 감정평가사를 찾아가 점포의 권리금 가액을 평가해달라고 부탁했습니다. 전 임차인은 저에게 권리금 명목으로 1억 원을 요구했고, 감정평가사는 8천만 원 정도면 적정 권리금이라고 말해주었습니다. 감정평가사가 확정해준 권리금의 세부 내역은 시설 권리금 2천만 원, 영업 권리금 5천만 원, 지역 권리금 1천만 원입니다. 최종적으로 저는 감정평가사의 말을 믿고 전 임차인에게 8천만 원을 주고 권리금계약을 체결했습니다. 감정평가사에게는 평가 수수료를 지불했고요.

그런데 점포사업을 시작한 지 불과 3개월 만에 너무도 황당한 일이 벌어졌습니다. 시설 권리금을 주고 인수한 식당의 냉장고와 에어컨은 작동이 잘 안 돼 교체해야 할 상황입니다. 그리고 임대차계약을 맺기 전에 3~4일 동안 시장 조사를 했는데, 그때 식당 점포를 가득 채운 손님들은 제가 인수한 후엔 절반도 채 오지 않습니다. 뭔가 속은 것 같습니다. 제가 감정평가사에게 손해배상을 청구할 수 있을까요? 저는 권리금 가액의 적정 여부를 전문가인 감정평가사에게 의뢰했고, 순전히 그 조언에 따라 8천만 원을 투자한 것입니다.

A. 대법원 판례가 아직 없어서 정확한 답변을 하기 어려운 문제입니다. 더군다나 권리금계약서를 작성할 때 감정평가사가 어떤 역할을 했는지 알 수 없어서 정확한 답변이 어렵습니다. 물론 앞으로 이러한 경우에 해당하는 소송이 나올 가능성이 있습니다.

일단 계약의 모든 책임은 질문자에게 있다고 판단합니다. 감정평가사가 전문가이기는 하나, 어디까지나 조언을 해주는 역할입니다. 그 조언을 받아들일지, 말지 결정하는 것은 온전히 질문자 스스로 판단해야 하는 문제이므로 손실에 대한 1차적인 책임은 질문자에게 있습니다. 만일 감정평가사가 전 임차인으로부터 비정상적인 금전적 이득을 취했다면, 사기죄 여부를 검토할 필요는 있습니다.

사례 20 임대인의 재건축

Q. 2013년, 전 임차인에게 권리금 1억 원을 지급하고 시설 및 권리 일체

를 넘겨받았습니다. 이후 임대인과 임대차계약을 맺고 5천만 원을 들여 인테리어 공사를 새로 한 뒤 임차인으로서 영업을 해왔습니다. 지난달, 임대인이 건물을 재건축한다면서 계약 연장 없이 나가달라고 통보해왔습니다. 임대차 기간은 현재 3년째 진행 중입니다. 제가 소송을 통해 권리금 명목으로 손해배상을 청구할 수 있을까요?

A. 질문 내용을 살펴보면 소송까지 갈 상황은 아닙니다. 상가건물 임대차보호법 제10조(계약갱신 요구 등) 제1항을 보면, "임대인은 임차인이 임대차기간이 만료되기 6개월 전부터 1개월 전까지 사이에 계약갱신을 요구할 경우 정당한 사유 없이 거절하지 못한다. 다만, 다음 각 호의 어느 하나의 경우에는 그러하지 아니하다"라는 문구가 나옵니다. 여기서는 제7호의 내용을 검토해야 합니다.

> 7. 임대인이 다음 각 목의 어느 하나에 해당하는 사유로 목적 건물의 전부 또는 대부분을 철거하거나 재건축하기 위하여 목적 건물의 점유를 회복할 필요가 있는 경우
>   가. 임대차계약 체결 당시 공사시기 및 소요기간 등을 포함한 철거 또는 재건축 계획을 임차인에게 구체적으로 고지하고 그 계획에 따르는 경우
>   나. 건물이 노후·훼손 또는 일부 멸실되는 등 안전사고의 우려가 있는 경우
>   다. 다른 법령에 따라 철거 또는 재건축이 이루어지는 경우

임대인이 재건축을 하는 사유가 위 내용에 해당돼야 합니다. 따라서 임대차계약 체결 당시 임차인이 구체적으로 알지 못했으므로, 5년까지는 계약갱신 요구를 할 수 있습니다. 단, 안전사고의 우려가 있을 정도로 노후화된 건물이 아니라는 전제가 있어야 합니다. 만일 안전사고의 우려가 있을 정도로 노후화된 건물이었다면 질문자가 애초 임대차계약을 체결하지 않았을 것이므로, 이에 해당되지 않을 것으로 보입니다.

지금 일방적으로 쫓겨나는 경우라면 상가건물임대차보호법 제10조(계약갱신 요구 등) 제1항 제3호("서로 합의하여 임대인이 임차인에게 상당한 보상을 제공한 경우")를 근거로 임대인에게 보상을 요구하면 됩니다. 따라서 소송으로 가는 경우는 다음과 같습니다.

첫째, 임차인의 계약갱신 요구를 임대인이 거절하는 경우

둘째, 2년 추가로 점포사업을 할 수 있는 권리를 포기한 것에 대한 합당한 보상을 하지 않는 경우

소송으로 진행될 경우 임차인이 승소할 가능성이 크며, 임대인은 손해배상을 해줘야 할 것입니다. 따라서 임대인이 이번에 개정된 법률안을 정확히 이해하고 있다면 소송으로 번지기 전에 협상 테이블에 앉을 것입니다.

부록

- 상가건물임대차보호법
- 상가건물임대차보호법 시행령

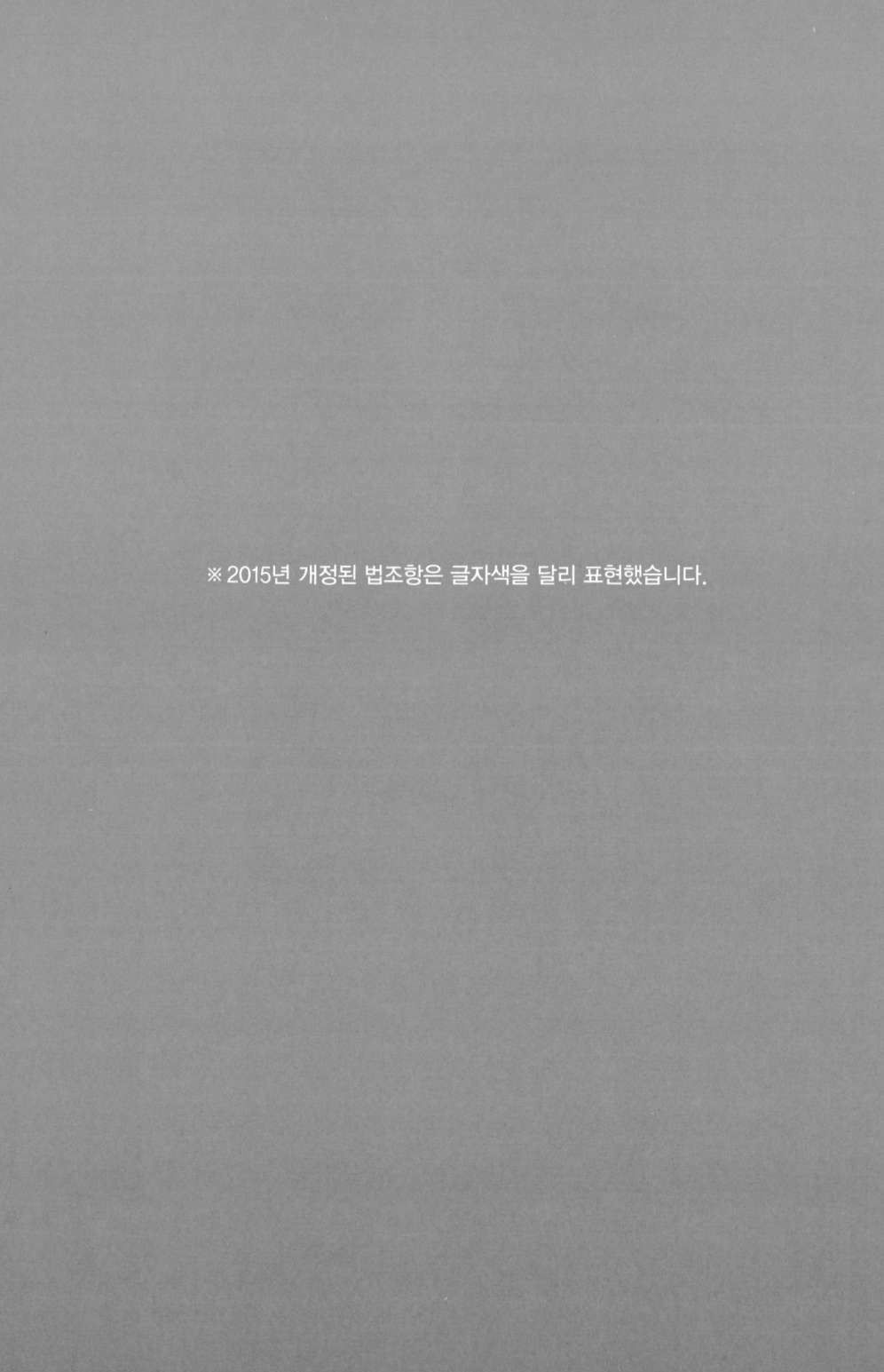

※ 2015년 개정된 법조항은 글자색을 달리 표현했습니다.

상가건물임대차보호법(약칭: 상가임대차법)

[시행 2015. 11. 14.] [법률 제13284호, 2015. 5. 13., 일부 개정]

제1조(목적) 이 법은 상가건물 임대차에 관하여 「민법」에 대한 특례를 규정하여 국민 경제생활의 안정을 보장함을 목적으로 한다.

제2조(적용범위) ① 이 법은 상가건물(제3조제1항에 따른 사업자등록의 대상이 되는 건물을 말한다)의 임대차(임대차 목적물의 주된 부분을 영업용으로 사용하는 경우를 포함한다)에 대하여 적용한다. 다만, 대통령령으로 정하는 보증금액을 초과하는 임대차에 대하여는 그러하지 아니하다.
② 제1항 단서에 따른 보증금액을 정할 때에는 해당 지역의 경제 여건 및 임대차 목적물의 규모 등을 고려하여 지역별로 구분하여 규정하되, 보증금 외에 차임이 있는 경우에는 그 차임액에 「은행법」에 따른 은행의 대출금리 등을 고려하여 대통령령으로 정하는 비율을 곱하여 환산한 금액을 포함하여야 한다.
③ 제1항 단서에도 불구하고 제3조, 제10조제1항, 제2항, 제3항 본문, 제10조의2부터 제10조의8까지의 규정 및 제19조는 제1항 단서에 따른 보증금액을 초과하는 임대차에 대하여도 적용한다.

제3조(대항력 등) ① 임대차는 그 등기가 없는 경우에도 임차인이 건물의 인도와 「부가가치세법」 제8조, 「소득세법」 제168조 또는

「법인세법」 제111조에 따른 사업자등록을 신청하면 그 다음 날부터 제3자에 대하여 효력이 생긴다.
② 임차건물의 양수인(그 밖에 임대할 권리를 승계한 자를 포함한다)은 임대인의 지위를 승계한 것으로 본다.
③ 이 법에 따라 임대차의 목적이 된 건물이 매매 또는 경매의 목적물이 된 경우에는 「민법」 제575조제1항·제3항 및 제578조를 준용한다.
④ 제3항의 경우에는 「민법」 제536조를 준용한다.

제4조(확정일자 부여 및 임대차정보의 제공 등) ① 제5조제2항의 확정일자는 상가건물의 소재지 관할 세무서장이 부여한다.
② 관할 세무서장은 해당 상가건물의 소재지, 확정일자 부여일, 차임 및 보증금 등을 기재한 확정일자부를 작성하여야 한다. 이 경우 전산정보처리조직을 이용할 수 있다.
③ 상가건물의 임대차에 이해관계가 있는 자는 관할 세무서장에게 해당 상가건물의 확정일자 부여일, 차임 및 보증금 등 정보의 제공을 요청할 수 있다. 이 경우 요청을 받은 관할 세무서장은 정당한 사유 없이 이를 거부할 수 없다.
④ 임대차계약을 체결하려는 자는 임대인의 동의를 받아 관할 세무서장에게 제3항에 따른 정보제공을 요청할 수 있다.
⑤ 확정일자부에 기재하여야 할 사항, 상가건물의 임대차에 이해관계가 있는 자의 범위, 관할 세무서장에게 요청할 수 있는 정보의

범위 및 그 밖에 확정일자 부여사무와 정보제공 등에 필요한 사항은 대통령령으로 정한다.

제5조(보증금의 회수) ① 임차인이 임차건물에 대하여 보증금반환청구소송의 확정판결, 그 밖에 이에 준하는 집행권원에 의하여 경매를 신청하는 경우에는 「민사집행법」 제41조에도 불구하고 반대의무의 이행이나 이행의 제공을 집행개시의 요건으로 하지 아니한다.

② 제3조제1항의 대항요건을 갖추고 관할 세무서장으로부터 임대차계약서상의 확정일자를 받은 임차인은 「민사집행법」에 따른 경매 또는 「국세징수법」에 따른 공매 시 임차건물(임대인 소유의 대지를 포함한다)의 환가대금에서 후순위권리자나 그 밖의 채권자보다 우선하여 보증금을 변제받을 권리가 있다.

③ 임차인은 임차건물을 양수인에게 인도하지 아니하면 제2항에 따른 보증금을 받을 수 없다.

④ 제2항 또는 제7항에 따른 우선변제의 순위와 보증금에 대하여 이의가 있는 이해관계인은 경매법원 또는 체납처분청에 이의를 신청할 수 있다.

⑤ 제4항에 따라 경매법원에 이의를 신청하는 경우에는 「민사집행법」 제152조부터 제161조까지의 규정을 준용한다.

⑥ 제4항에 따라 이의신청을 받은 체납처분청은 이해관계인이 이의신청일부터 7일 이내에 임차인 또는 제7항에 따라 우선변제권을

승계한 금융기관 등을 상대로 소(訴)를 제기한 것을 증명한 때에는 그 소송이 종결될 때까지 이의가 신청된 범위에서 임차인 또는 제7항에 따라 우선변제권을 승계한 금융기관 등에 대한 보증금의 변제를 유보(留保)하고 남은 금액을 배분하여야 한다. 이 경우 유보된 보증금은 소송 결과에 따라 배분한다.

⑦ 다음 각 호의 금융기관 등이 제2항, 제6조제5항 또는 제7조제1항에 따른 우선변제권을 취득한 임차인의 보증금반환채권을 계약으로 양수한 경우에는 양수한 금액의 범위에서 우선변제권을 승계한다.

1. 「은행법」에 따른 은행
2. 「중소기업은행법」에 따른 중소기업은행
3. 「한국산업은행법」에 따른 한국산업은행
4. 「농업협동조합법」에 따른 농협은행
5. 「수산업협동조합법」에 따른 수산업협동조합중앙회
6. 「우체국예금·보험에 관한 법률」에 따른 체신관서
7. 「보험업법」 제4조제1항제2호라목의 보증보험을 보험종목으로 허가받은 보험회사
8. 그 밖에 제1호부터 제7호까지에 준하는 것으로서 대통령령으로 정하는 기관

⑧ 제7항에 따라 우선변제권을 승계한 금융기관 등(이하 "금융기관 등"이라 한다)은 다음 각 호의 어느 하나에 해당하는 경우에는 우선변제권을 행사할 수 없다.

    1. 임차인이 제3조제1항의 대항요건을 상실한 경우

    2. 제6조제5항에 따른 임차권등기가 말소된 경우

    3. 「민법」 제621조에 따른 임대차등기가 말소된 경우

⑨ 금융기관등은 우선변제권을 행사하기 위하여 임차인을 대리하거나 대위하여 임대차를 해지할 수 없다.

제6조(임차권등기명령) ① 임대차가 종료된 후 보증금이 반환되지 아니한 경우 임차인은 임차건물의 소재지를 관할하는 지방법원, 지방법원지원 또는 시·군법원에 임차권등기명령을 신청할 수 있다.

② 임차권등기명령을 신청할 때에는 다음 각 호의 사항을 기재하여야 하며, 신청 이유 및 임차권등기의 원인이 된 사실을 소명하여야 한다.

    1. 신청 취지 및 이유

    2. 임대차의 목적인 건물(임대차의 목적이 건물의 일부분인 경우에는 그 부분의 도면을 첨부한다)

    3. 임차권등기의 원인이 된 사실(임차인이 제3조제1항에 따른 대항력을 취득하였거나 제5조제2항에 따른 우선변제권을 취득한 경우에는 그 사실)

    4. 그 밖에 대법원규칙으로 정하는 사항

③ 임차권등기명령의 신청에 대한 재판, 임차권등기명령의 결정에 대한 임대인의 이의신청 및 그에 대한 재판, 임차권등기명령의 취

소신청 및 그에 대한 재판 또는 임차권등기명령의 집행 등에 관하여는 「민사집행법」 제280조제1항, 제281조, 제283조, 제285조, 제286조, 제288조제1항·제2항 본문, 제289조, 제290조제2항 중 제288조제1항에 대한 부분, 제291조, 제293조를 준용한다. 이 경우 "가압류"는 "임차권등기"로, "채권자"는 "임차인"으로, "채무자"는 "임대인"으로 본다.

④ 임차권등기명령신청을 기각하는 결정에 대하여 임차인은 항고할 수 있다.

⑤ 임차권등기명령의 집행에 따른 임차권등기를 마치면 임차인은 제3조제1항에 따른 대항력과 제5조제2항에 따른 우선변제권을 취득한다. 다만, 임차인이 임차권등기 이전에 이미 대항력 또는 우선변제권을 취득한 경우에는 그 대항력 또는 우선변제권이 그대로 유지되며, 임차권등기 이후에는 제3조제1항의 대항요건을 상실하더라도 이미 취득한 대항력 또는 우선변제권을 상실하지 아니한다.

⑥ 임차권등기명령의 집행에 따른 임차권등기를 마친 건물(임대차의 목적이 건물의 일부분인 경우에는 그 부분으로 한정한다)을 그 이후에 임차한 임차인은 제14조에 따른 우선변제를 받을 권리가 없다.

⑦ 임차권등기의 촉탁, 등기관의 임차권등기 기입 등 임차권등기명령의 시행에 관하여 필요한 사항은 대법원규칙으로 정한다.

⑧ 임차인은 제1항에 따른 임차권등기명령의 신청 및 그에 따른 임차권등기와 관련하여 든 비용을 임대인에게 청구할 수 있다.

⑨ 금융기관등은 임차인을 대위하여 제1항의 임차권등기명령을 신청할 수 있다. 이 경우 제3항·제4항 및 제8항의 "임차인"은 "금융기관등"으로 본다.

제7조(「민법」에 따른 임대차등기의 효력 등) ① 「민법」 제621조에 따른 건물임대차등기의 효력에 관하여는 제6조제5항 및 제6항을 준용한다.
② 임차인이 대항력 또는 우선변제권을 갖추고 「민법」 제621조제1항에 따라 임대인의 협력을 얻어 임대차등기를 신청하는 경우에는 신청서에 「부동산등기법」 제74조제1호부터 제5호까지의 사항 외에 다음 각 호의 사항을 기재하여야 하며, 이를 증명할 수 있는 서면(임대차의 목적이 건물의 일부분인 경우에는 그 부분의 도면을 포함한다)을 첨부하여야 한다.
   1. 사업자등록을 신청한 날
   2. 임차건물을 점유한 날
   3. 임대차계약서상의 확정일자를 받은 날

제8조(경매에 의한 임차권의 소멸) 임차권은 임차건물에 대하여 「민사집행법」에 따른 경매가 실시된 경우에는 그 임차건물이 매각되면 소멸한다. 다만, 보증금이 전액 변제되지 아니한 대항력이 있는 임차권은 그러하지 아니하다.

제9조(임대차 기간 등) ① 기간을 정하지 아니하거나 기간을 1년 미만으로 정한 임대차는 그 기간을 1년으로 본다. 다만, 임차인은 1년 미만으로 정한 기간이 유효함을 주장할 수 있다.
② 임대차가 종료한 경우에도 임차인이 보증금을 돌려받을 때까지는 임대차 관계는 존속하는 것으로 본다.

제10조(계약갱신 요구 등) ① 임대인은 임차인이 임대차 기간이 만료되기 6개월 전부터 1개월 전까지 사이에 계약갱신을 요구할 경우 정당한 사유 없이 거절하지 못한다. 다만, 다음 각 호의 어느 하나의 경우에는 그러하지 아니하다.
1. 임차인이 3기의 차임액에 해당하는 금액에 이르도록 차임을 연체한 사실이 있는 경우
2. 임차인이 거짓이나 그 밖의 부정한 방법으로 임차한 경우
3. 서로 합의하여 임대인이 임차인에게 상당한 보상을 제공한 경우
4. 임차인이 임대인의 동의 없이 목적 건물의 전부 또는 일부를 전대(轉貸)한 경우
5. 임차인이 임차한 건물의 전부 또는 일부를 고의나 중대한 과실로 파손한 경우
6. 임차한 건물의 전부 또는 일부가 멸실되어 임대차의 목적을 달성하지 못할 경우
7. 임대인이 다음 각 목의 어느 하나에 해당하는 사유로 목적

건물의 전부 또는 대부분을 철거하거나 재건축하기 위하여 목적 건물의 점유를 회복할 필요가 있는 경우

    가. 임대차계약 체결 당시 공사시기 및 소요 기간 등을 포함한 철거 또는 재건축 계획을 임차인에게 구체적으로 고지하고 그 계획에 따르는 경우

    나. 건물이 노후·훼손 또는 일부 멸실되는 등 안전사고의 우려가 있는 경우

    다. 다른 법령에 따라 철거 또는 재건축이 이루어지는 경우

8. 그 밖에 임차인이 임차인으로서의 의무를 현저히 위반하거나 임대차를 계속하기 어려운 중대한 사유가 있는 경우

② 임차인의 계약갱신요구권은 최초의 임대차 기간을 포함한 전체 임대차 기간이 5년을 초과하지 아니하는 범위에서만 행사할 수 있다.

③ 갱신되는 임대차는 전 임대차와 동일한 조건으로 다시 계약된 것으로 본다. 다만, 차임과 보증금은 제11조에 따른 범위에서 증감할 수 있다.

④ 임대인이 제1항의 기간 이내에 임차인에게 갱신 거절의 통지 또는 조건 변경의 통지를 하지 아니한 경우에는 그 기간이 만료된 때에 전 임대차와 동일한 조건으로 다시 임대차한 것으로 본다. 이 경우에 임대차의 존속 기간은 1년으로 본다.

⑤ 제4항의 경우 임차인은 언제든지 임대인에게 계약해지의 통고를 할 수 있고, 임대인이 통고를 받은 날부터 3개월이 지나면 효력

이 발생한다.

제10조의2(계약갱신의 특례) 제2조제1항 단서에 따른 보증금액을 초과하는 임대차의 계약갱신의 경우에는 당사자는 상가건물에 관한 조세, 공과금, 주변 상가건물의 차임 및 보증금, 그 밖의 부담이나 경제사정의 변동 등을 고려하여 차임과 보증금의 증감을 청구할 수 있다.

제10조의3(권리금의 정의 등) ① 권리금이란 임대차 목적물인 상가건물에서 영업을 하는 자 또는 영업을 하려는 자가 영업시설·비품, 거래처, 신용, 영업상의 노하우, 상가건물의 위치에 따른 영업상의 이점 등 유형·무형의 재산적 가치의 양도 또는 이용대가로서 임대인, 임차인에게 보증금과 차임 이외에 지급하는 금전 등의 대가를 말한다.
② 권리금계약이란 신규임차인이 되려는 자가 임차인에게 권리금을 지급하기로 하는 계약을 말한다.

제10조의4(권리금 회수기회 보호 등) ① 임대인은 임대차 기간이 끝나기 3개월 전부터 임대차 종료 시까지 다음 각 호의 어느 하나에 해당하는 행위를 함으로써 권리금계약에 따라 임차인이 주선한 신규임차인이 되려는 자로부터 권리금을 지급받는 것을 방해하여서는 아니 된다. 다만, 제10조제1항 각 호의 어느 하나에 해당하는 사

유가 있는 경우에는 그러하지 아니하다.
1. 주선한 신규임차인이 되려는 자에게 권리금을 요구하거나 임차인이 주선한 신규임차인이 되려는 자로부터 권리금을 수수하는 행위
2. 임차인이 주선한 신규임차인이 되려는 자로 하여금 임차인에게 권리금을 지급하지 못하게 하는 행위
3. 임차인이 주선한 신규임차인이 되려는 자에게 상가건물에 관한 조세, 공과금, 주변 상가건물의 차임 및 보증금, 그 밖의 부담에 따른 금액에 비추어 현저히 고액의 차임과 보증금을 요구하는 행위
4. 그 밖에 정당한 사유 없이 임대인이 임차인이 주선한 신규임차인이 되려는 자와 임대차계약의 체결을 거절하는 행위

② 다음 각 호의 어느 하나에 해당하는 경우에는 제1항제4호의 정당한 사유가 있는 것으로 본다.
1. 임차인이 주선한 신규임차인이 되려는 자가 보증금 또는 차임을 지급할 자력이 없는 경우
2. 임차인이 주선한 신규임차인이 되려는 자가 임차인으로서의 의무를 위반할 우려가 있거나 그 밖에 임대차를 유지하기 어려운 상당한 사유가 있는 경우
3. 임대차 목적물인 상가건물을 1년 6개월 이상 영리목적으로 사용하지 아니한 경우
4. 임대인이 선택한 신규임차인이 임차인과 권리금계약을 체결

하고 그 권리금을 지급한 경우

③ 임대인이 제1항을 위반하여 임차인에게 손해를 발생하게 한 때에는 그 손해를 배상할 책임이 있다. 이 경우 그 손해배상액은 신규임차인이 임차인에게 지급하기로 한 권리금과 임대차 종료 당시의 권리금 중 낮은 금액을 넘지 못한다.

④ 제3항에 따라 임대인에게 손해배상을 청구할 권리는 임대차가 종료한 날부터 3년 이내에 행사하지 아니하면 시효의 완성으로 소멸한다.

⑤ 임차인은 임대인에게 임차인이 주선한 신규임차인이 되려는 자의 보증금 및 차임을 지급할 자력 또는 그 밖에 임차인으로서의 의무를 이행할 의사 및 능력에 관하여 자신이 알고 있는 정보를 제공하여야 한다.

제10조의5(권리금 적용 제외) 제10조의4는 다음 각 호의 어느 하나에 해당하는 상가건물 임대차의 경우에는 적용하지 아니한다.

1. 임대차 목적물인 상가건물이 「유통산업발전법」 제2조에 따른 대규모점포 또는 준대규모점포의 일부인 경우
2. 임대차 목적물인 상가건물이 「국유재산법」에 따른 국유재산 또는 「공유재산 및 물품 관리법」에 따른 공유재산인 경우

제10조의6(표준권리금계약서의 작성 등) 국토교통부장관은 임차인과 신규임차인이 되려는 자가 권리금계약을 체결하기 위한 표준권리

금계약서를 정하여 그 사용을 권장할 수 있다.

제10조의7(권리금 평가기준의 고시) 국토교통부장관은 권리금에 대한 감정평가의 절차와 방법 등에 관한 기준을 고시할 수 있다.

제10조의8(차임연체와 해지) 임차인의 차임연체액이 3기의 차임액에 달하는 때에는 임대인은 계약을 해지할 수 있다.

제11조(차임 등의 증감청구권) ① 차임 또는 보증금이 임차건물에 관한 조세, 공과금, 그 밖의 부담의 증감이나 경제 사정의 변동으로 인하여 상당하지 아니하게 된 경우에는 당사자는 장래의 차임 또는 보증금에 대하여 증감을 청구할 수 있다. 그러나 증액의 경우에는 대통령령으로 정하는 기준에 따른 비율을 초과하지 못한다.
② 제1항에 따른 증액 청구는 임대차계약 또는 약정한 차임 등의 증액이 있은 후 1년 이내에는 하지 못한다.

제12조(월 차임 전환 시 산정률의 제한) 보증금의 전부 또는 일부를 월 단위의 차임으로 전환하는 경우에는 그 전환되는 금액에 다음 각 호 중 낮은 비율을 곱한 월 차임의 범위를 초과할 수 없다.
   1.「은행법」에 따른 은행의 대출금리 및 해당 지역의 경제 여건 등을 고려하여 대통령령으로 정하는 비율
   2. 한국은행에서 공시한 기준금리에 대통령령으로 정하는 배수

를 곱한 비율

제13조(전대차관계에 대한 적용 등) ① 제10조, 제10조의2, 제10조의8, 제11조 및 제12조는 전대인(轉貸人)과 전차인(轉借人)의 전대차관계에 적용한다.
② 임대인의 동의를 받고 전대차계약을 체결한 전차인은 임차인의 계약갱신요구권 행사 기간 이내에 임차인을 대위(代位)하여 임대인에게 계약갱신요구권을 행사할 수 있다.

제14조(보증금 중 일정액의 보호) ① 임차인은 보증금 중 일정액을 다른 담보물권자보다 우선하여 변제받을 권리가 있다. 이 경우 임차인은 건물에 대한 경매신청의 등기 전에 제3조제1항의 요건을 갖추어야 한다.
② 제1항의 경우에 제5조제4항부터 제6항까지의 규정을 준용한다.
③ 제1항에 따라 우선변제를 받을 임차인 및 보증금 중 일정액의 범위와 기준은 임대건물가액(임대인 소유의 대지가액을 포함한다)의 2분의 1 범위에서 해당 지역의 경제 여건, 보증금 및 차임 등을 고려하여 대통령령으로 정한다.

제15조(강행규정) 이 법의 규정에 위반된 약정으로서 임차인에게 불리한 것은 효력이 없다.

제16조(일시사용을 위한 임대차) 이 법은 일시사용을 위한 임대차임이 명백한 경우에는 적용하지 아니한다.

제17조(미등기전세에의 준용) 목적건물을 등기하지 아니한 전세계약에 관하여 이 법을 준용한다. 이 경우 "전세금"은 "임대차의 보증금"으로 본다.

제18조(「소액사건심판법」의 준용) 임차인이 임대인에게 제기하는 보증금반환청구소송에 관하여는 「소액사건심판법」 제6조·제7조·제10조 및 제11조의2를 준용한다.

제19조(표준계약서의 작성 등) 법무부장관은 보증금, 차임액, 임대차기간, 수선비 분담 등의 내용이 기재된 상가건물임대차표준계약서를 정하여 그 사용을 권장할 수 있다.

부칙 〈제13284호, 2015. 5. 13.〉

제1조(시행일) 이 법은 공포한 날부터 시행한다. 다만, 제4조의 개정규정은 공포 후 6개월이 경과한 날부터 시행한다.

제2조(대항력에 관한 적용례) 제2조제3항의 개정규정 중 제3조 대항력에 관한 규정은 이 법 시행 후 최초로 계약이 체결되거나 갱신되는 임대차부터 적용한다.

제3조(권리금 회수기회 보호 등에 관한 적용례) 제10조의4의 개정규정은 이 법 시행 당시 존속 중인 임대차부터 적용한다.

상가건물임대차보호법 시행령(약칭: 상가임대차법 시행령)
[시행 2015. 11. 14.] [대통령령 제26637호, 2015. 11. 13., 일부 개정]

제1조(목적) 이 영은 「상가건물 임대차보호법」에서 위임된 사항과 그 시행에 관하여 필요한 사항을 정하는 것을 목적으로 한다.

제2조(적용범위) ① 「상가건물 임대차보호법」(이하 "법"이라 한다) 제2조제1항 단서에서 "대통령령으로 정하는 보증금액"이라 함은 다음 각호의 구분에 의한 금액을 말한다.
　1. 서울특별시 : 4억원
　2. 「수도권정비계획법」에 따른 과밀억제권역(서울특별시는 제외한다) : 3억원
　3. 광역시(「수도권정비계획법」에 따른 과밀억제권역에 포함된 지역과 군지역은 제외한다), 안산시, 용인시, 김포시 및 광주시 : 2억4천만원
　4. 그 밖의 지역 : 1억8천만원
② 법 제2조제2항의 규정에 의하여 보증금외에 차임이 있는 경우의 차임액은 월 단위의 차임액으로 한다.

③ 법 제2조제2항에서 "대통령령으로 정하는 비율"이라 함은 1분의 100을 말한다.

제3조(확정일자부 기재사항 등) ① 상가건물 임대차 계약증서 원본을 소지한 임차인은 법 제4조제1항에 따라 상가건물의 소재지 관할 세무서장에게 확정일자 부여를 신청할 수 있다. 다만, 「부가가치세법」 제8조제3항에 따라 사업자 단위 과세가 적용되는 사업자의 경우 해당 사업자의 본점 또는 주사무소 관할 세무서장에게 확정일자 부여를 신청할 수 있다.
② 확정일자는 제1항에 따라 확정일자 부여의 신청을 받은 세무서장(이하 "관할 세무서장"이라 한다)이 확정일자 번호, 확정일자 부여일 및 관할 세무서장을 상가건물 임대차 계약증서 원본에 표시하고 관인을 찍는 방법으로 부여한다.
③ 관할 세무서장은 임대차계약이 변경되거나 갱신된 경우 임차인의 신청에 따라 새로운 확정일자를 부여한다.
④ 관할 세무서장이 법 제4조제2항에 따라 작성하는 확정일자부에 기재하여야 할 사항은 다음 각 호와 같다.
   1. 확정일자 번호
   2. 확정일자 부여일
   3. 임대인·임차인의 인적사항
      가. 자연인인 경우 : 성명, 주민등록번호(외국인은 외국인등록번호)

나. 법인인 경우 : 법인명, 대표자 성명, 법인등록번호

　　　다. 법인 아닌 단체인 경우 : 단체명, 대표자 성명, 사업자등록번호·고유번호

　　4. 임차인의 상호 및 법 제3조제1항에 따른 사업자등록 번호

　　5. 상가건물의 소재지, 임대차 목적물 및 면적

　　6. 임대차기간

　　7. 보증금·차임

⑤ 제1항부터 제4항까지에서 규정한 사항 외에 확정일자 부여 사무에 관하여 필요한 사항은 법무부령으로 정한다.

제3조의2(이해관계인의 범위) 법 제4조제3항에 따라 정보의 제공을 요청할 수 있는 상가건물의 임대차에 이해관계가 있는 자(이하 "이해관계인"이라 한다)는 다음 각 호의 어느 하나에 해당하는 자로 한다.

　　1. 해당 상가건물 임대차계약의 임대인·임차인

　　2. 해당 상가건물의 소유자

　　3. 해당 상가건물 또는 그 대지의 등기부에 기록된 권리자 중 법무부령으로 정하는 자

　　4. 법 제5조제7항에 따라 우선변제권을 승계한 금융기관 등

　　5. 제1호부터 제4호까지에서 규정한 자에 준하는 지위 또는 권리를 가지는 자로서 임대차 정보의 제공에 관하여 법원의 판결을 받은 자

제3조의3(이해관계인 등이 요청할 수 있는 정보의 범위) ① 제3조의2제1호에 따른 임대차계약의 당사자는 관할 세무서장에게 다음 각 호의 사항이 기재된 서면의 열람 또는 교부를 요청할 수 있다.

1. 임대인·임차인의 인적사항(제3조제4항제3호에 따른 정보를 말한다. 다만, 주민등록번호 및 외국인등록번호의 경우에는 앞 6자리에 한정한다)
2. 상가건물의 소재지, 임대차 목적물 및 면적
3. 사업자등록 신청일
4. 보증금·차임 및 임대차기간
5. 확정일자 부여일
6. 임대차계약이 변경되거나 갱신된 경우에는 변경·갱신된 날짜, 새로운 확정일자 부여일, 변경된 보증금·차임 및 임대차기간
7. 그 밖에 법무부령으로 정하는 사항

② 임대차계약의 당사자가 아닌 이해관계인 또는 임대차계약을 체결하려는 자는 관할 세무서장에게 다음 각 호의 사항이 기재된 서면의 열람 또는 교부를 요청할 수 있다.

1. 상가건물의 소재지, 임대차 목적물 및 면적
2. 사업자등록 신청일
3. 보증금 및 차임, 임대차기간
4. 확정일자 부여일
5. 임대차계약이 변경되거나 갱신된 경우에는 변경·갱신된 날

짜, 새로운 확정일자 부여일, 변경된 보증금·차임 및 임대차 기간
    6. 그 밖에 법무부령으로 정하는 사항
③ 제1항 및 제2항에서 규정한 사항 외에 임대차 정보의 제공 등에 필요한 사항은 법무부령으로 정한다.

제4조(차임 등 증액청구의 기준) 법 제11조제1항의 규정에 의한 차임 또는 보증금의 증액청구는 청구 당시의 차임 또는 보증금의 100분의 9의 금액을 초과하지 못한다.

제5조(월차임 전환 시 산정률) ① 법 제12조제1호에서 "대통령령으로 정하는 비율"이란 연 1할2푼을 말한다.
② 법 제12조제2호에서 "대통령령으로 정하는 배수"란 4.5배를 말한다.

제6조(우선변제를 받을 임차인의 범위) 법 제14조의 규정에 의하여 우선변제를 받을 임차인은 보증금과 차임이 있는 경우 법 제2조제2항의 규정에 의하여 환산한 금액의 합계가 다음 각호의 구분에 의한 금액 이하인 임차인으로 한다.
    1. 서울특별시 : 6천500만원
    2. 「수도권정비계획법」에 따른 과밀억제권역(서울특별시는 제외한다) : 5천500만원

3. 광역시(「수도권정비계획법」에 따른 과밀억제권역에 포함된 지역과 군지역은 제외한다), 안산시, 용인시, 김포시 및 광주시: 3천8백만원

4. 그 밖의 지역 : 3천만원

제7조(우선변제를 받을 보증금의 범위 등) ① 법 제14조의 규정에 의하여 우선변제를 받을 보증금중 일정액의 범위는 다음 각호의 구분에 의한 금액 이하로 한다.

1. 서울특별시 : 2천200만원

2. 「수도권정비계획법」에 따른 과밀억제권역(서울특별시는 제외한다): 1천900만원

3. 광역시(「수도권정비계획법」에 따른 과밀억제권역에 포함된 지역과 군지역은 제외한다), 안산시, 용인시, 김포시 및 광주시: 1천300만원

4. 그 밖의 지역 : 1천만원

② 임차인의 보증금중 일정액이 상가건물의 가액의 2분의 1을 초과하는 경우에는 상가건물의 가액의 2분의 1에 해당하는 금액에 한하여 우선변제권이 있다.

③ 하나의 상가건물에 임차인이 2인 이상이고, 그 각 보증금중 일정액의 합산액이 상가건물의 가액의 2분의 1을 초과하는 경우에는 그 각 보증금중 일정액의 합산액에 대한 각 임차인의 보증금중 일정액의 비율로 그 상가건물의 가액의 2분의 1에 해당하는 금액

을 분할한 금액을 각 임차인의 보증금중 일정액으로 본다.

제8조(고유식별정보의 처리) 관할 세무서장은 법 제4조에 따른 확정일자 부여에 관한 사무를 수행하기 위하여 불가피한 경우 「개인정보 보호법 시행령」 제19조제1호 및 제4호에 따른 주민등록번호 및 외국인등록번호가 포함된 자료를 처리할 수 있다.

부칙 〈제26637호, 2015. 11. 13.〉
이 영은 2015년 11월 14일부터 시행한다.

참고문헌

단행본

곽윤직(1995), 《채권각론》, 서울: 박영사
경국현(2011), 《상업용 부동산 투자론》, 서울: 한올출판사
김효석(2010), 《상가임대차 분쟁의 해결》, 서울: 법률서원
안정근(2009), 《현대부동산학》, 서울: 양현사
이은영(2005), 《채권각론》, 서울: 박영사

연구논문

경국현(2014), 〈시장이해관계에 기초한 상가권리금의 재해석과 실증분석〉, 한성대학교 박사학위논문
경국현·백성준(2012), 〈시장관계성에 기초한 상가권리금의 재조명〉, 《부동산연구》, 제22권 제1호
권오승(2010), 〈상가건물의 권리금에 관한 연구〉, 《비교사법》, 제17권 4호(통권 51호)
권영수·문영기(2007), 〈상가건물임차인의 권리금회수방안에 관한 실증적 연구〉, 《법학연구》, Vol. 28
권영수(2010), 〈상가건물임차인의 행태분석에 관한 연구〉, 《법학연구》, Vol. 39
김만웅(2004), 〈권리금 통제를 위한 상가임대차보호법의 개선방안〉, 《토지법학》, Vol. 20

김영일(1986), 〈임대차에 있어서 권리금을 둘러싼 제 문제〉, 《재판자료》, 제32집
김정욱·이세환(2012), 〈권리금에 대한 실증분석〉, 《부동산학보》, Vol. 48
김지혜(2013), 〈상가건물임대차에서의 권리금 문제에 관한 연구〉, 《중소기업과 법》, 제4권 제2호
김철호·정승영(2010), 〈상가 권리금의 특징에 관한 연구〉, 《부동산학보》, Vol. 41
김학환·정승영(2010), 〈부동산 중개사무소의 상가권리금 결정에 관한 연구〉, 《부동산학보》, Vol. 43
김형주(2011), 〈도시재정비사업에서 상가권리금 결정요인에 관한 연구〉, 서울시립대학교 박사학위논문
배병일(2004), 〈상가건물 임대차의 권리금〉, 《민사법학》, 제26호
배병일(2012), 〈영업용 건물의 권리금에 관한 관습법의 변경과 권리금의 법적성질 및 반환〉, 《외법논집》, 제36권 제1호
박준모(2013), 〈상가권리금의 결정요인에 관한 실증적 연구〉, 서울벤처대학원대학교 박사학위논문
어인의(1995), 〈보증금과 권리금에 관한 고찰〉, 《법학논집》, Vol. 10
이동률(2010), 〈권리금에 관한 연구〉, 《중앙법학》, 제12집 제4호
임윤수·권영수(2006), 〈상가건물 임차인의 권리금에 관한 연구〉, 《법학연구》, Vol. 22
원상철(2011), 〈상가권리금보호를 위한 입법적 해결방안 검토〉, 《재산법연구》, 제28권 제3호
최현태(2012), 〈상가건물임대차상 권리금계약의 통제〉, 《한양법학》, Vol. 40
허강무(2011), 〈상가권리금의 영업손실보상 개선방안〉, 《토지보상법연구》, 제11권

보고서 및 간행물

김영두·김정욱·박정화·서순탁·허강무(2013), 《권리금 이론과 실제》, 서울: 한국부동산연구원